U0879674

自在

人生必修七堂课

慧宽法师 著

上海人民出版社

推荐序　安心与放心

星云

一九九八年清明节台北松山寺一场祝融之灾，使得寺中纳骨塔数千个骨灰瓮付之一炬。当时松山寺灵根法师委请佛光山协助处理，于是义不容辞地派弟子慧宽前往协助。在火灾善后的九个月中，慧宽都站在第一线与家属协商讨论，终于不负所托，圆满完成使命。

对于当时年仅二十七岁的慧宽，能够耐烦且圆融地沟通协调，这需要思路相当清楚和高度的情绪管理，他不但让我感到欣慰，也受到佛光山大众的肯定赞叹，进而使得慧宽在一千多名徒众中脱颖而出当选宗务委员，而成为佛光山至今最年轻的宗委。

慧宽是本山荣誉功德主赖义明居士的公子，他十九岁时就跟随我出家，当时还在台中商专求学。他剃度后要回学校注册前向我告假，由于他还年轻，所以我特别叮咛他要好好用功，尤其身着僧装以后，更应有使命感，在学校的表现要比以往更合群、更主动、更慈悲。

慧宽回答我说："师父！请您放心！我一定会努力做到。"

我说："只要你安心，我就放心。"

慧宽出家十七年来，果然不负我的期望，不仅成为佛光山最年轻的宗务委员，也同时是最年轻的都监院院长。二〇〇一年，为了完成佛光山世代交替，三十岁的慧宽被派任为都监院院长，也就是佛光山的总当家，负责处理协调佛光山总部的各项弘法活动和全世界二百多个道场的行政总策划，就任三年多的时间里，慧宽任劳任怨，很称职地完成了这项任命。

除了工作上表现出色，慧宽也到各地弘法，特别是到校园演讲，结合古德法语与流行歌曲，以轻松活泼的弘法方式，深受学生、老师及家长们的欢迎，至今已经在初中、高中及大专院校讲了五百多场，堪为佛光山年轻一辈的表率。

如今，慧宽将他在电视佛学院专题讲座的内容，包括情绪管理、沟通艺术、亲子教育、人际关系、感情世界面面观、远离忧郁、防止自杀等主题整理成《自在——人生必修七堂课》，这里面有他在生活中历练的心得，学习的成果，以及佛法妙用，可以说是现代人十分受用的必修课题。我很欢喜他在讲演之余，也能以文字弘法，期许他在未来能继续努力，是为序。

二〇〇七年一月于佛光山开山寮

推荐序　因为关心，所以自在

柴松林

人生在世充满了各种忧虑，忧虑比恐惧还严重，因为恐惧可以找出对象，而忧虑却常说不出原因。

世界卫生组织将忧郁症列为本世纪剥夺人类生命的三大杀手之一，是全球性的疾病，不但是造成劳工失能的两大主要原因之一，根据台北市教师会所发表的一项以中学教师为对象的调查报告显示，有百分之五十一的中学教师，患有从轻度到重度不等的忧郁症倾向。

台湾精神医学会理事长李明滨更是指出，百分之九十以上的自杀个案有精神科疾病，其中的百分之七十是由于忧郁症的关系；同时该会曾对台湾民众做过“精神健康大调查”，结果发现有忧郁或焦虑症状者，占全体台湾民众的百分之三十。

还有一个更令人忧虑的状况是，忧郁症患者在西方通常盛行于中年以后的高年龄组，台湾却出现两极化的情形，除了高年龄组外，十二三岁的国中生即有很高的盛行率。

作为社会的一分子，人人都不应该对这些现象置身事外，而且联合国于一九八九年在北京召开的“新世纪教育改革会议”，特别于结论中提出“未来世纪人类最应该学习的是‘关心’”。因为人间一切问题都出在“关心的范围太狭窄”，一个人如果凡事只为自己着想，不关心别人，自然会觉得他人一无是处，日子不会好过。

佛光山是一个提倡“人间佛教”的道场，强调的是在人间建立净土，重视常民生活，且尊重文化。无论宣讲佛法、从事宗教活动，或所创办的种种事业，都与当代人类的生活密切连结。作为佛光山开山宗长星云大师的弟子，慧宽法师也秉持着佛光山的宗风，关心的范围非仅遍及全人类且及于众生与天地间万物。

慧宽法师曾担任《人间福报》董事长，以及高雄佛教堂住持。我曾经应他的邀请前往高雄演讲，并蒙他热情款待。言谈之中，他不但展现了幽默风趣的风格，也了解到他经常在世界各地做心灵讲座，难能可贵的是，他以青少年喜爱的语言，在校园中展开了超过五百场的心灵励志讲座，这一切都始于他对众生的关怀，更有助于减少青少年因为情绪及忧郁所引发的种种令人忧心的症状与非行。

如今他更扩大开心的层面，出版《自在——人生必修七堂课》一书，内容包括情绪管理、沟通艺术、亲子教育、人际关系、感情世界面面观、远离忧郁症、防止自杀等等，可以让读者学习这方面的知识，不但可以帮助自己，也可以在别人需要的时候帮助别人。

站在关心的角度，我们应该学习的是从关心自己开始，把自己照顾好，可以减少麻烦他人；再扩大到家人、亲友、同事、邻居、一国之同胞、全球的人类，最后再到一切有情和无情的天地万物。因为有了关心，世界可以变得更美好，每一个人也更能拥有自在的人生。

读者诸君他日得以享有愉悦的生活，必当感谢今日有幸能阅读此书。

（本文作者现任人间福报社总主笔）

推荐序　走出纷扰困境

陈有华

现在学校教育的困境有三：第一、学生缺乏自觉与自治的能力，以致无法做好情绪的管理与情感问题的处理。心理压力无法适当地舒解，缺乏挫折感的承担能力，以及人际关系的失调。第二、家长不当的管教态度与期待增加了学生的身心压力。父母的溺爱，又使学生容易丧失体验生活、面对问题、解决问题的能力与承受挫折的忍受力。第三、是非不明、重视文凭、物欲高涨、功利价值导向的社会环境，扭曲了传统的价值观，使学生无法建立正确的人生观，了解掌握人生的意义与生命价值。因此，易使学生倾向于学科知识的学习，而忽略了心灵的净化与自我觉醒，自我管理的能力薄弱，一遇困境，便感到茫然迷失，产生了严重的适应问题。

但人生的旅程是崎岖不平的，如果没有一颗平静、自由自在的心去省察、去认识困境的现象，分析其形成的原因，以冷静透视的能力，看出生命的究竟，那么你就无法活得有目标，也无法开阔生命空间。所以如何培养学生心平气和，透过内省与观照保有赤子之心，学会解决问题的能力，勇于接受一切生活的考验，该是很重要的课题。

为了协助学生能舒解心理的压力与建立正确的人生观，我于1980年在高雄女中退休后，特礼请佛光山宗委、高雄佛教堂住持慧宽法师至高雄市各中小学演讲，以不谈宗教信仰的中性角色，跟青年学子们谈一些日常生活所遭遇的问题。因慧宽法师很有慧根，早在大专求学阶段已决定自己生命的方向，并一路精进，接受完整的丛林教育，并东渡日本佛教大学深造。不但佛学的素养精深，且对心理学、辅导理论、人际关系及沟通艺术等人文社会科学颇有涉猎，并有丰富的辅导经验，口才尤其便给，富幽默感，熟悉寓教于乐的善巧方便，藉着猜谜游戏或歌唱当代偶像的流行曲调等活动，引起学生的认同，再以他自身成长的经验与辅导实例，切入演讲的主题。由于演讲内容精彩，颇能切中学生的需要，因此总在热烈的掌声与欢笑声中结束，且意犹未尽。有的学校甚至再三邀约或安排与老师、家长座谈，交换经验及意见。

今天慧宽法师把他在全省五百多场学校或社团，甚至国外演讲的内容归纳成《自在——人生必修七堂

课》一书，依两大主轴——人与己、人与人论述。人与己方面从“情绪管理”出发，进而到“沟通艺术”，再呼吁如何“远离蓝色的忧郁”、“如何防止自杀”；人与人方面，则从“亲子关系”谈起，扩及两性的“感情世界面面观”到“人际关系你我他”，皆是多数人可能碰到的问题，以深入浅出的笔法叙述问题的发生，分析其原因，说明其现象，提供预防与解决之道，并不时辅以生活小例，幽默的口吻常令人莞尔，语气虽轻松却深含玄机，最易收潜移默化之效，故颇具参考价值。

尤其每篇后的“宽心慧语”，如能细加体会，必能引发我们再重视中华传统文化的核心价值——仁、义、礼、智、信、致虚、守静、谦让、质朴的埋念，并融入生活中，以开发心智，培养自我觉醒的能力，管理自我情绪，并培养正确的人生与工作态度。在这有情世间走出纷扰的困境，使自己有个通达的人生与自由自在的生活空间。

本书因出版在即，承慧宽法师嘱予写序，我以诚挚的心意特予推荐。这是一本成长中孩子的好伴侣，也是父母、老师协助孩子成长的好助力。因有过去这段因缘，更欣见其文章付梓，是以为序。

（本文作者为前高雄女中校长）

自序　正面思考的力量

慧　宽

有人曾问我，为什么会研究情绪管理？我说佛教就是在教导我们心念的管理与智慧。随着自己年纪的增长与对佛法的体会，发现情绪的反应其实都来自我们内心的执著和计较。

很多人常跟我说：我压力很大，心情很烦闷。其实我们活在这个世界上，本来就存在着各种压力，我常说每个人至少都会感受到地心引力和大气压力。但要如何让自己得到自在的生活，能够观人自在、观事自在、观境自在、观心自在，是身处种种紧张压力的我们，要很认真思考的课题。

我也很庆幸自己大性乐观，善于正面思考，一部分可能来自家庭和学校的教育，当然更多是来自于佛法的熏陶。当我遇到困难和逆境时，总会用正面思考的

力量，去转换自己的心念。我也常常发愿要把自己受用的正面思考，分享给更多的人，让大家都能够在不同的境界中，常常用欢喜的心情，活出自在的人生。

在弘法度众的过程中，也常协助辅导不同的个案。例如：忧郁症患者的协谈，亲子互动出了问题，夫妻相处不和谐，年轻人因感情挫败闹自杀，人与人之间的沟通误会，还有看到现代人因情绪反应造成身心不适等，都引发我去深思与探索这些问题的动机。

我在佛光山开山宗长星云大师座下剃度出家，大师一生提倡人间佛教的弘扬，所以我从就读佛光山中国佛教研究院研究部的时期，就一直想把佛法与世法之间多做一些交流与整合，因为佛法就是要解决众生的烦恼。我希望如何在不失世间学问的专业中，又能以佛法的智慧，提供社会大众面对问题时，能有更多处理的面向与方法。

大师在这方面的贡献也相当的多，比如他曾讲过佛教与管理、佛教与环保；佛教的女性观、佛教的财富观；对安乐死、死刑、堕胎等当代议题的看法。

身为弟子的我也想向大师学习效法之，所以我也努力尝试去研读关于情绪管理、沟通艺术、亲子教育、人际关系、感情观、忧郁症、自杀等主题的专书，再结合佛法的观点，提供个人的经验与浅见。

这本书没有太多严肃的教条，因为我是以分享的心情跟大家共同探讨，希望大家看了这本书之后，能够在各方面得到自在欢喜，所以书中分享了很多我亲身的经验与实例，这些例子都不是发生在几百年前的公案，而是现代活生生在你我周遭都会遇到的状况。

我这几年的演讲，也都以这些内容为主题，很多听众在听完我的演讲后，最常向我表达他们心中的感动就是：你怎么那么了解我们所遇到的问题？你好像都知道我的心里在想什么。当然，也有人好奇地问我：你是个僧人又没结婚，怎么那么懂得亲子教育的方法？你对感情世界的探讨很深入，你谈过几次恋爱啊？

这就像谈忧郁症的防治不用等到自己患过忧郁症才可以探讨吧！也像我们不用有自杀的经验，才能来告诉大家如何防止自杀！而是能参考世间学的研究，结合佛法的论点，并以相同的心理来感受，还有我衷心希望大家能在我的演讲或文章中得到欢喜受用、享受自在人生，就是我弘法的心愿与自我的期许。

其实我最感谢的就是给我色身的父母，与教导我佛法的法身父母星云大师。因为我有很多的学习与很好的观念，是来自我的家庭教育。各位可能从我的文章或是我的讲演中，会发现我常举自身的成长经验，因为这都来自我的父母对子女的殷殷教诲。在年少青春时，我的心中也曾经有过反抗的想法，或是觉得爸妈唠叨不休，但能一路平安成长，都是父母恩威并济、以身作则、无怨无悔的付出。

在他们恩爱携手走过四十周年之际，以此功德回向父母身心自在，也愿全天下的父母都能健康平安、欢喜自在。

我能以弘法为己志，到处广结善缘，给人信心希望与欢喜方便，更要感谢大师把佛陀的智慧与佛法的善巧传授给弟子们。大师开示人间佛教是佛说的、人要的、善美的、净化的。大师的佛法是深入浅出，融古今之思想，通现代之观点，以最贴近大众的语言和譬喻，回应众生的需要，为弘法利生、净化人心立下典范。

大师开启了我对佛法的信心与愿力，也让我学习到人间佛教的妙用。大师常鼓励佛光山的弟子们读万卷书、行万里路、做万种事、度万种人、结万种缘，我才能有机会探索佛法与世法相关的书籍，也才有因缘成就此书。

这本书能够出版要感谢的人太多了，实在无法一一列举。感谢佛光山电视中心觉念法师提供电视佛学院专题的影音与字幕稿；感谢香海文化执行长蔡孟桦小姐的用心，鼓励将我的演讲内容化为文字编辑成书，让更多的人能因此书受益，感谢曾协助文字整理、绘制插画、美术编辑等的各位同仁们，让我的第一本书问世。

此书于2007年在台湾出版，读者反应热烈，已重印十余次。我于2010年3月奉派调至连云港之后，也有不少信徒及青年朋友询问此书。上海大觉文化公司的满观法师主动提出希望此书能在大陆出版，在其积极接洽下，现授权给上海人民出版社出版。

很高兴此书能和大陆读者共结法缘，希望大家都能从这本书中学习到情绪管理的方法、培养正面思考的力量；做好沟通的艺术与亲子的教育；有圆融的人际关系、幸福的感情生活，最后也能让自己常常远离蓝色的忧郁，自杀就不会找上我们。

祝福大家都能诸事圆满、欢喜过生活、身心得自在！

目 录

第一堂 情绪管理

我们生活的世界是有情的世界，每一个人都有喜、怒、哀、乐的情绪，面对种种的境界，我们总是有不同的感受，如何让自己保持最稳定、最好的情绪？又该如何表达及管理我们的情绪？

认识情绪

情绪管理是这几年颇受大家重视的课题，很多人把它称为EQ管理，在前几年高曼先生写了一本《EQ》，这本书问世后大家更重视情绪的管理。但是佛教本身对保持心念的稳定就相当的重视，我也从佛法中提出关于情绪管理的一些观念与方法。

佛教认为每一个人都有情绪，因为我们娑婆世间叫做有情的世界，有情的众生都有情绪，如有喜、怒、哀、乐等不同的情绪。佛法是引导我们的情绪能够得到稳定和控制，而不是要大家压抑情绪，或者是要大家完全没有任何的情绪。所以我们面对种种的境界总有不同的感受，但在不同的情绪反应当中，我们应该学习如何随时让自己保持在最稳定、最好的情绪状态。

一、IQ v.s. EQ

一般人比较重视知识学习，因为如果没有透过知识的学习，我们在生活上就无法得到基本生活的技能。所以很多人说我不喜欢读书，其实读书还是很重要的，它让我们能够在生活与生存上，增加我们与人沟通的方法，并能改变自身的气质。

但除了重视知识学习之外，情绪管理也是现代人必须重视的。像某知名电脑公司的总经理就曾说过，在公司中能够晋升到主管级以上的人，其实情绪管理能力的高低占很重要的部分，也就是说自我的情绪管理，是员工能否晋升主管考核中的重要项目。他说大部分进公司的人，他们的学历都很相当，但这只是第一关，当进了公司以后，其实你在工作表现、甚至对公司的忠诚度，还有团队精神等都是影响考核升迁的指标。因为不善于情绪管理的人，是没有办法跟别人一起互动的，也很难成为一位好的领导者。所以你可能会停留在某一个位置，没有办法让你再晋升到更高的职位。

此外，家长都很关心孩子考试的成绩，但是在重视成绩之外，希望大家也能够多多提升自己跟家人的情绪管理。意思是说不要因为他书读得好，就可以随便发脾气，乃至于缺乏教养、对人不尊重。这样即使他书读得很好，或是以后很有成就，也许有一次遇到了挫折，可能就选择伤害别人走上不归路。现在很多学生，不满意考试成绩就选择跳楼自杀，在感情上追不到心爱的人就用化学毒剂去伤害对方。这都是因为在从小的教育当中，没有让他的情绪管理得到很好的学习。

二、身心平衡

在佛法当中说到情绪就是指我们心的反应，通常大家比较重视外在的物质追求，如我们会打扮自己，穿漂亮的衣服、买好的东西……但学习情绪管理，是在物质追求之外，也能够让我们的心得到美化和快乐。

我在很多的演讲中都会问听众们："你快乐吗?"现在也问问各位读者："你快乐吗?"很多人常常会低头沉思，到底他过得快不快乐?

我曾经遇到一位出租车司机，他跟我抱怨他不快乐。为什么他不快乐？因为他觉得他工作很辛苦，一天大概要工作十六七个小时，但他的太太和孩子却常抱怨他老是不在家。我就跟司机先生讲，我说你换一个角度想，其实他们在抱怨，是因为他们需要你，你不要因为他们的抱怨，就觉得不快乐。结果他一听觉得："对呀，为什么我不会转一个念头想？"他的情绪就得到了平抚。

现在很多人穿名牌衣服，甚至住豪宅，但是并不一定很快乐。希望透过情绪管理的学习，让大家能有稳定的情绪，时时都有一颗很欢喜自在的心，过着一样的工作、家庭与生活，因为用不一样的心情来看待这个世间，就会有不一样的感受。

学习情绪表达

每一个人从小到大都曾体验过很多不同的情绪，有快乐、有悲伤，乃至于曾受过挫折，起了贪心、嫉妒、比较的想法，甚至有时会得到内心平静的情绪。我们不容易掌握自己的心，但常常埋怨别人"你都不了解我，你都误会我"。对方又不是我们，他也没有掌握到我们的身口意，所以每一个人都应该学习情绪的表达。

世界各地的人通常在情绪表达上会有很大的落差。以华人来说，当我们今天早上要去上班前，可能身体不舒服，或是遇到了令人不快乐的事情，常常因为面子问题，在情绪表达上倾向比较压抑、比较不好意思向别人表达。例如你今天到公司上班，同事问你说："你今天怎么脸色不太好看，是心情不好，还是身体不舒服？"

我们常常会说："没有啦，没事！"但是同事们又会继续关心："到底怎么了？没关系嘛，你说，我们可以帮忙你。"你还是说："没事。"但是等到第三次大家再来关心你时，你可能就会无法忍受地回答："就跟你们说没事，你们很烦人！"那时候你的情绪不但发作了，甚至会波及周遭的人。

但是欧美人士因为从小的学习，比较容易表达自己的想法，所以当同样的情境，同事问他："你怎么脸色看起来不太好看？"这时欧美的人士就会表达："很抱歉，早上遇到一点状况，所以现在可能无法跟你谈公事，或是你让我调整一下，是不是中餐时，我再跟你谈这个问题好吗？"通常听到这样的表达，大部分的人会回答："不好意思，那我们中午以后再谈。"

可能我们从小受到的教育就是无形中把情绪压抑下来，但是并没有把问题处理掉，反而只是压抑着，所以我们应学习让别人知道我们的想法。

一、用意何在

情绪表达第一个方法就是让对方知道我们的用

意与想法。星云大师常常开示:“当你去表达一件事情,就是希望对方能接受,不管你用什么样的方法,用智慧的、善巧方便的方法,对方能接受最为重要。”

所以我们在表达情绪的时候,我们的用意何在?比如接到电话有人向你反映说:“哪里出了状况,哪里有什么问题?”这时候我常常都会跟对方说:“你慢慢说,不要急。”他就说:“我现在就是很急,我要赶快说!”我说:“你说得这么急,我可能听得不够清楚,你慢慢说我才能很清楚地了解,也能很快去解决你的问题。”

其实对方只是要表达“水龙头坏掉了”,或是“马桶漏水”这样的问题,急促只会让这通电话音频变得非常高,乃至于让情绪处于剑拔弩张的状态,彼此的音量就会越来越大。

当我们表达事情时,我们的用意如果让对方因为我们讲话太大声、太急躁,反而得到反效果。而且我们讲话这么急躁的时候,我们的身体包括荷尔蒙、肾上腺素、交感神经等都会发生变化。现代人为什么身体容易有各种状况?就是太紧张,才会产生这些问题。

所以要做情绪表达的时候,第一个要先问自己的用意,就是我们为什么要表达这样的情绪?对方这样子表达到底是为了什么?我们表达情绪,又是为了让他知道什么?这些都可以事先仔细地想一想。

二、正向沟通

第二个是要学习正向沟通的表达。我们要做好情绪的表达，要用正向的方式沟通。比如说我要告诉对方他做错了，我们应该很清楚地表达，他哪一个地方犯错，造成我的困扰，作很正向的沟通。

我们常常都是把对方犯的一次错误，扩散到他的过去、他的人格，甚至更负面的问题。比如先生犯错了，跟他表达你做错这件事情，这样的方式就很正向。但常有人会说，“你看你的家人都是这个样子，你从小到大也都是这样”的去夸大表达的内容，造成沟通不良。

举一个例子，有时候跟朋友一起吃饭，看到某人加两匙辣椒油，我们就会说：“你好喜欢吃辣椒。”第二次看到他又再加辣椒油的时候，就会说：“你真的非常喜欢吃辣的！”其实才两次，但已经有了既定的印象，认为他应该是这个样子。所以在生活当中，我们很容易偏向于负面的沟通模式，而不是正向的沟通。这样负面偏颇的表达，可能会使别人受到伤害，对自己也不好。

情绪的表达常会因为把其他问题混在一起或夸大化，造成负向的表达。例如小孩做对一件事情，我们应该很清楚地、正向地告诉他，他做对了。教育学家常常提到，如果你的孩子上次考八十分，这一次考试考了八十五分，你应该要对他说："很好，这次因为你的努力所以进步五分，只要有努力就会有进步。"这就是一个正向的表达方式。

然而我们常常会跟孩子说："你进步五分，你是全世界最优秀的人。"教育学家认为，这句话是最不恰当的情绪语言，因为如果孩子从小一直被赞美"你是最优秀的人！"，容易造成将来他无法忍受别人的批评。甚至因为考试从第一名掉到第二名，他就认为自己不是最优秀的人，而没有自信心。

三、自我控制

在情绪表达上，最难控制的就是因为无法忍下一口气，尤其是在生气或是悲伤时，产生的负面情绪，通常难以自我控制。但是随着年龄慢慢地增长，尤其大家能学佛的话，应该学习那一口气不要突然间就冲出来。

我曾经遇到过一位老师，每一次学生犯错了，这个老师都会把学生叫到面前教训他。一般的老师如果跟同学说："你犯错了！你这样子做不对，你上课不够认真。"学生通常只要低头不语，老师就会认为你认错了，也有心悔改，大概就让同学回座。可是这个老师不一样，他的性格很特别，他的情绪无法自我控制，如果这位同学安静没有回答他，这个老师竟然会说："你刚才不说话就是心里面不舒服，对我有意见。"同学就马上回答："老师，我对你没有任何的意见。"他就接着说："你就是有意见！"

所以讲也不是，不讲也不是，这个老师就是不太能自我控制情绪，造成教学上的困扰。

四、不伤无辜

我们常常因为自己不当的情绪表达，而伤害了最爱我们的人。

有时候上了一天的班又塞车回到家里，那种情绪的压抑累积很大，小孩很高兴地跟你说："爸爸，我这一次数学进步了十分，从七十分进步到八十分。"因为压抑了一天的压力，你可能跟他说："八十分有什么了不起？爸爸以前数学都是考一百分。"这时候孩子会想："好奇怪？为什么我进步了，得到的却是这样的回应？"这就是伤及无辜。

有时候夫妻之间有一些意见的争执，人与人之间意见不同，是必须要沟通协调的，但是在表达时常常会将情绪反应转向我们的孩子或家人，这些都会造成更大的伤害与困扰。

情绪管理的方法

一、自我觉察

佛教中常讲佛是什么呢？佛是一位觉者，就是他能够自觉，把真理告诉大众，去帮助别人觉悟，对所有事情都能圆满的觉察。

要学习情绪管理一定要先有觉察力，必须要用自我觉察的力量去观察，不然就容易忍不住一口气，或是自己生气的时间拉得很长。但如果你有自我觉察的力量，学会自我反省、自我观察，当情绪来的时候先问问自己："我为什么要生气？我这样值得吗？"

有一位年轻的朋友遇到我，我问他："你心情好像不太快乐？"他说："对啊！心情闷闷的。"我接着问他："什么事让你心情不好？"他说："今天起床就这个样子。"这位年轻朋友就任他自己的情绪闷了一天，我反问他："你为什么会心情闷闷的？总有一些原因，是不是身体的问题？有没有什么事不开心？如果没有任何原因，你应该要开始自我觉察，让自己恢复到比较稳定的情绪，而不是任情绪随意发展，而造成旁边的人都因为你心情怪怪的，不太敢跟你说话。"

其实你今天心情怪怪的，并没有任何人伤害你，也没有因为什么失败了、受挫折的事情，但是就突然间有这种情绪涌现的时候，我们可以用自我觉察的力量，先问自己："我现在为什么会有这样的情况？"、"这样下去对我好吗？"

二、善观因缘

当我们第一步学会了自我觉察之后，就去想想让你情绪变化的事情，是什么因缘造成的。

例如我们前面提到的爸爸今天上了一天的班，经过塞车路段，能在塞车的过程中观照因缘。我常告诉大家，塞车的时候只要想一件事情："哪一个城市上下班不塞车？"全世界的大都会只要到了高峰时间都会塞车，抱怨并没有用。

如果你观察了因缘，知道本来这个世界的现况就是如此，过去没有那么多车辆，现在人人以车代步，因缘已经不同，所以如果能够了解这样的因缘，就能够怡然自得地坐在车上。在塞车当中也可以想："难得有这么好的机会，让自己有独处的时空。"在公司要跟很多人往来，回到家要面对家人的互动，但是在车上你可以听音乐，可以听法音清流梵呗或人间因缘这些佛曲，你不觉得是人生另一种享受吗？

一个会善观因缘的人，心情上比较容易释怀，也能够在情绪管理上面得到进步。

我遇到过一位妈妈，她的孩子小学放学回到家都会撒娇，跟妈妈说："有没有点心？"，所以她每天都会准备蛋糕或点心，在孩子下课后可以先用。但是这男生一上了国中都没有再跟妈妈撒娇，回到家就直接冲到房间，可能去上网、打电动玩具或是读书。这时候妈妈心里面就起了情绪变化，为什么你回家没有跟我打招呼？这位妈妈就去敲儿子的房门说："刚才你回来都没有跟妈妈打招呼。"

我跟这位妈妈说："你的孩子回来时，你还是可以主动跟他打招呼，说：'你回来了。'如果他回房了，听到他关房门的声音，其实这个声音就是告诉你：'我回来了！'但是如果你去敲他的房门，甚至用生气的口吻告诉他：'你不可以这样子！'，他跟你之间的代沟就越来越大。"

所以，善观因缘是情绪管理中相当重要的一个方法，你的心如果能够常常去善观因缘，就会知道很多事情有它不一样的因缘，在不一样的因缘当中就应该用不一样的态度、不一样的方法去面对处理。

有一本书写到一个孩子在十二岁之前，会把父母当成英雄般的崇拜，爸妈说什么，几乎孩子都会接受。但是十二岁到二十五岁的孩子，因为他在成长，人格也慢慢的成熟，他一直想要做个小大人，这时候容易把爸妈当成敌人一样，会觉得你们为什么喜欢唠唠叨叨？常常管我的事情？所以在这一段时间，孩子跟父母在相处关系上会很紧张。关于亲子关系，在后面的篇幅再来跟大家谈。

二十五岁以后的孩子，会把父母当朋友，我们要成家要立业，要买车子、买房子都会跟父母商量，就好像朋友一样的谈话，关系就不会那么样的紧绷，也不会常常有冲突。

所以，如果能够了解孩子成长过程的因缘，当你有青春期的孩子或孙子，就应该要有更大包容跟尊重的心，去看待他不一样的成长因缘，这就是善观因缘。包容不是溺爱纵容，而是应该要让他明白是非，用很正向的表达去告诉他，不是发很大的脾气，或是还用打的方式去教导。

有一位妈妈跟我说，她女儿两年来都在跟她冷战，不跟她说话。我问她原因，她说“因为女儿不乖我就打她”，我问她：“你女儿今年几岁？”她说女儿十九岁，我说我第一次听到，十九岁的孩子还用打的方式处罚。十九岁的孩子你还用棍子打，对她的自尊心来说其实是非常大的伤害。

所以善观因缘，希望大家在情绪反应上能够慢半拍，做到停、听、看，人生会更好。

三、正面思考

正面思考是情绪管理的重要关键，当你遇到任何境界都能学习往好的方面去想。

哭婆跟笑婆的故事，我想大家都非常熟悉。有个老太婆有两个女儿，一个女儿嫁给卖雨伞的人家，一个女儿的夫家是卖冬粉的。不管遇到好天气或是下雨天，这个老太婆都在哭，所以大家就叫她哭婆。邻居问她说为什么你常常在哭呢？她说因为好天气的时候，我就想到卖雨伞的女儿，雨伞会卖不出去；但是到了下雨天，她就想到那个卖冬粉的女儿，冬粉都不能拿到户外去晒，这冬粉一定不好吃、卖不出去，所以她总是在哭。后来有位法师就告诉她，你怎么不换个想法？好天气的时候，就想冬粉能晒得很好，下雨天时雨伞会卖得很好？从此以后，她就变成一个很快乐的人。

佛教办活动遇到了下雨天，就会说："菩萨遍洒甘露。"如果遇到了天气很好，就想到"佛光普照"。但是负面思考的人就不会这么想，他认为今天怎么那么倒楣，参加法会还下雨，功德都没有了。可能功德真的会没了，因为你的心都没有正面思考，没有诚心怎么会得到感应呢？太阳很大你能够转个念头想："真好！让自己晒晒太阳。"负面的人就觉得："今天怎么这么热，让我拜得不快乐、不欢喜。"

把正面思考用在生活上，这也是我自己修行的小秘诀，很多人常常说怎么看我都很乐观，正面思考就是让我自己情绪保持自在欢喜的一个很重要的方法。

四、自我对话

在自我觉察跟善观因缘后，经过正面思考的转念，要不断地告诉自己："我现在还要生气吗？发脾气对我有用吗？"应该换个想法，"他都不知道我在生气，然后我却气得半死，吃不下饭、睡不着觉。"还有要常自我对话，不要拿别人的错误来惩罚自己。

我常常看到很多上班族，星期一骑车或开车时，常常面无表情。休息了两天应该最有体力去上班，但因为你想如果继续休息该有多好，上班心情当然就不好。如果能够换个想法，早上起床第一个念头就想到我能活着，又能够呼吸到空气，你那一天应该都很快乐。

但如果一早起来就想，我要煮早餐、又要洗衣服、又要去上班，那一天即使你遇到好事，可能也都不会觉得它是好事，因为你的心蒙上了一层灰色的阴影，已经告诉自己我不快乐，所以即使看到别人快乐，你也会觉得他们好像在刺激你，所以自我对话对于情绪的管理上也是相当重要。

美丽心世界

一、具备幽默感、同理心

很多事情发生,你能自我幽默一下就过去了,不要太在意、甚至钻牛角尖。一个有幽默感的人,在情绪管理上比较能得到正面的力量。但是要提醒大家,要幽自己的默,不要拿别人开玩笑。

很多时候如果能够多为别人着想,即使对方在负面情绪的时候,能够用同理心想:"他可能遇到了什么困难?"就能够让自己的情绪保持在比较稳定的状况。对自己及下一代子女的情绪管理学习中,同理心的培养是相当重要的。当看到别人,甚至看到动物在痛苦的时候,应该多一分关心、多一点关怀,这样对孩子的情绪管理是会更有加分的效果。

如果看到一个人受苦,却告诉孩子说不要去管他,这个人活该,甚至还带着孩子一起去伤害动物,以后孩子就容易处在比较极端,甚至有暴力倾向的情绪当中。常怀感动、感恩的心,能够常常去奉献一己之力、去帮助别人,也能够让我们保持稳定的情绪和愉悦的心情。

二、培养定力、自我成长

情绪的管理用禅修、念佛等训练定力的方法也很好,就是要时时往内心观照,也就是学习自我觉察、善观因缘。因为当你在念佛的时候可以把心收摄在佛号上,所以如果你在情绪起伏的时候能够念佛,或用数息的方法调一下呼吸,你会发现心念就慢慢的转移目标,让自己的情绪平稳下来。

我们也要不断地自我成长学习。很多人到了一个年纪,就会告诉别人:“我已经这把年纪,我个性就是这样,不要想改变我。”当然你也可以这么说,但是你可能是一个不快乐的人,一个人缘不好的人。倒不如换一个想法:“我来学习情绪管理,让自己后半辈子的生活中,重新过一个不一样的人生,拥有美丽的心世界。”

宽心慧语

幽默、同理，让我们轻松欢喜。

感动、感恩，让我们拥有好心情。

学习定力、自我成长，你也能做一个自在快乐的人。

第二堂 沟通艺术

跟父母要沟通，跟孩子要沟通，跟同事、朋友要沟通，甚至跟自己，也需要学习自我对话的沟通。

何谓沟通?

谈到沟通艺术，每一个人只要生活在人世间，一定都需要沟通。

沟通跟谈判是不一样的，谈判可能是为了某种商业利益或目的，乃至于为了政治或外交。但是沟通是人与人之间，也许是感情交流，也许只是谈话，都需要沟通，乃至于要表达一件事情，传达一个意思，也都要沟通。所以人与人之间时时刻刻都在沟通，甚至跟自己也需要自我内心对话的沟通。

什么是沟通？把沟通这两个字拆开来看，沟就是沟渠水道，所以“沟”指的就是一种管道，因为有管道，相对的也就产生了一些距离。

那么，有了沟是不是就能通呢？“通”就是顺畅、通达。很多人与他人之间有很多的距离，乃至于有很多往来的管道不顺畅，也没有达到彼此之间相处的畅通，包括跟家人、同事，乃至于跟朋友，能不能达到更好的沟通艺术？是我们探讨的重点。

沟通的基本原则

有时候我们讲话伤了人、得罪了别人，自己都没有察觉，只是会觉得朋友怎么越来越少？人缘越来越差？原来是我们在沟通上出了问题，大家又不方便指正我们的缺点。所以要在什么样的原则下，学习彼此之间的沟通，包括两个人的沟通，或者家庭的、学校的、公司团体的种种沟通，应该要把握以下三个原则：

一、平等原则

人与人之间的沟通应该要有平等观，如果彼此之间没有平等的原则，沟通是会有偏差的。包括跟亲人、孩子之间的沟通，要做到平等，真的很不容易。佛教常常讲“心、佛、众生，三无差别”，就是我们自己，跟一切的众生，乃至于佛菩萨，其实都是平等的。在佛菩萨的心中，看待一切众生都是平等的，这种平等并不是齐头式的平等，而是知道每个众生都有不同因缘、不同状况的平等。

教育学家常常教导父母，跟孩子沟通应该稍微蹲下来，跟他身高差不多，这样的沟通效果最好，因为爸爸妈妈个子很高，对孩子来说就像个巨人，通常要仰天而望，孩子心里感受到父母的威严，就容易造成亲子之间的距离。很多人常说我跟孩子有代沟，其实是可以透过平等原则来改善的。

我们跟任何人或团体沟通时，要先想对方跟我们是平等的，即使对方跟我们不相识，也或许他跟我们原先是敌对的，如果想要进行沟通，能先有同理心、平等的原则去为对方着想，沟通大概也进展了一半。

二、诚信原则

人与人之间的沟通要建立在诚信的基础上，如果彼此没有信任，这种沟通大概只能够一次就破局。例如各位坐在电视机前，为什么要看电视佛学院这个节目？是因为你相信佛法的智慧，及相信人间卫视、电视佛学院、主讲者，所以有这样收看的行为。

如果我们活在不信任中，跟别人沟通都没有诚信的原则，明明说“好，我答应你”，隔天又跟对方说“我反悔了”，相信没有人愿意再找你沟通。

所以，沟通要在诚信的原则下，彼此之间才能够再往前互动。

三、互惠原则

在沟通上，也要重视互惠原则，也是所谓的双赢多赢、共生共好的观念。彼此要能互相体谅，互相协助，让彼此得到很好的互惠。而不是每次我与别人沟通，都只为自己着想：“我要怎么说，让他吃亏，都让我占便宜。”

没有了互惠的原则，也不容易进行顺利的沟通，大家渐渐地不想跟你往来，因为只要跟你沟通一定都是你赢，跟你辩论讨论，最后辩输的一定是我们，没有互惠的原则，是没有办法达到很顺畅的沟通的。

沟通的技巧

关于沟通的技巧，我用了佛教中讲的六根，眼、耳、鼻、舌、身、意这些方面来谈，是大家最容易学习的沟通方法。

一、用真诚的心

第一就是要用最真诚的心沟通。人与人之间的互动跟相处，我们看不到彼此的心，但是可以感受到心念的存在，就像无形的风，各位看得到风吗？我们都看不到风，但是风绝对存在。为什么你知道它存在？因为当风吹过你面前，会感到一阵凉意，这是微风。如果遇到狂风暴雨，雨伞可能都拿不住，骑摩托车也被狂风吹倒，甚至可能都站不稳，这时你也可以感受到风强大的力量。

有人问，法师你把真诚的心描述一下，到底什么样的心才是真诚的心？这很难描述，就如同风看不到。这个心不是心脏的心，而是一种真诚的意念、真诚的想法。如果我的心真诚，你可以感受到我真诚的表达，如果我敷衍应付，这样的心你也可以感受得到。某个人今天心情不好，从他的表达或表情上，你就可以感受到他现在的心境如何？所以用真诚的心来沟通，是建立沟通艺术的第一步。

尤其想要沟通的事是比较困难的，也许是对方来问难，或是要来挑战一些问题，更应该要先往好的方面想。

我自己如果遇到这样的情况都会先观想，他就如同观世音菩萨，自己先转了念头，不要害怕也不要恐惧，更不要排斥，而用最真诚的心来想，今天有诸佛菩萨要来座谈，要来跟我们讨论问题。我记得自己的几次经验，对方竟然对我都能产生很好的感受，讨论问题的过程也非常的融和。有些人就觉得奇怪，“以前跟别的法师请教问题，好像都会产生很大的争执，这一次跟你讨论，怎么好像很欢喜?”其实这其中的关键就是要用最真诚的心先去看待对方。

我们跟丈夫、太太沟通也是如此，很多佛教徒都学了一些佛教名相却常常误用，比如把自己的先生或是孩子称为冤家债主，如果你常这样想就很难与他们有很好的沟通，因为你心里面都是想“他就是来讨债的，是累劫冤家债主”。如果能够先想，他们都是菩萨化现，虽然彼此相处有些不愉快，是菩萨让你有考验，过了一段时间，你发现沟通的情况会改善。

所以，常用真诚的心来沟通，是相当重要的第一步。

二、会倾听的耳

在互相沟通中，一般的人都会想要赶快表达自己的意见让对方知道，当对方也是如此，很多的沟通到后来就变成争执，甚至闹得不愉快，就是因为大家都想要抢先说话，都没有想先听听对方怎么说。

从前，有一个信徒到道场来跟我请教佛教的修行方法，他讲了很多自己修行的方法，听他讲完以后，在我正要跟他建议一些修行的方法时，他却欢喜合掌感谢我的开示，我都还没开口，只是一直在倾听，原来他只是要找人听他说话、肯定他。

有一次遇到一个婆婆，她来跟我抱怨婆媳之间的问题，结果她讲话的速度比我还快，我几乎没有办法表达我的意见，只能静静地听她说，她说了四个小时之后，换我想要与她分享我的意见时，她突然说："法师，谢谢你今天慈悲开示。"四个小时几乎都是她在说，因为已经没有人要听她抱怨，所以我跟她的沟通不用我说话，只要她把心里面的烦恼全部丢给我以后，就得到法喜回家了。

会倾听的耳，真的是不容易！所以我们要学习不要急着去表达。记得有个小女孩非常可爱，她知道爸

爸喜欢吃芭乐，怕哥哥回来以后把芭乐吃掉，就在水果上面画了爸爸的样子，甚至还写了“爸爸”。她知道妈妈喜欢吃橘子，就在橘子皮上面写了“妈妈”，又画了妈妈的衣服，也在不同的水果上写了爷爷、奶奶。

她爸爸下班回家看到桌上的水果，都被写了字画了图，一气之下就把女儿打一顿。女儿哭得很伤心，妈妈安慰女儿说：“你为什么要这么调皮？有图画纸让你画你不画，都去画在这些水果上呢？”

女儿说：“我知道你喜欢吃橘子啊，我怕爸爸回来不小心把橘子吃掉，所以就在橘子上面画了妈妈的样子，就知道这个是要留给你的。”

全家人听了非常的感动，爸爸也很惭愧地说：“刚才如果先问你为什么要这么做，再来处罚也不晚啊！真是不好意思。”

所以学习用心倾听，先把对方的痛苦和烦恼听进去，是沟通上很重要的方法，甚至咨询人员学习沟通的第一步就是学会倾听。有时候当你倾听完了，只给他一句话，那句话其实对他受益无穷，因为他先把心里面的脏东西都先掏出来了，再给他一滴法水甘露就够了。

但如果他心里面的烦恼、他的苦都没有人知道，就如同杯子脏了没有先洗干净，就算再多的法水甘露，甚至醍醐灌顶，再混杂那些烦恼，他的心并没有能真正的清空来听你所要表达的。

三、能识人的眼

第三要用能识人的眼去观察，看沟通的对象现在是什么样的情况，有什么样的因缘。有些人很不会看状况，明明看到对方现在在生气，你还故意跟他开玩笑，惹得他更不高兴。

会识人的眼就是你要多加观察，再进行沟通，不要只想赶快表达，否则得到的结果常常是不如意的。

四、嗅时机的鼻

嗅时机的鼻，就是去感受这个时间点跟对方沟通好不好？他会不会太忙？应该做什么样方式的沟通？比如以时间为例，我常常提醒大家，如果要去一些机关办事，最好不要在下班前十分钟，因为大部分的人都已经准备要下班了，当然常会碰钉子。

同样的，午休时间该不该打电话给对方？有的人忙了一天快下班前，你才要找他沟通重要决策，常得到反效果。

所以，要多用心去感受沟通时机是否恰当。

五、以专注的身

为了让自己有更圆满的沟通，除了用真诚的心、会倾听的耳、能识人的眼、嗅时机的鼻，还要以专注的身与人沟通。

我们跟别人沟通，坐的位子也非常重要，包括身体的倾斜度、眼神的回应等都有相关性。比如说，要跟对方谈心事、谈一些比较内心的话，对面坐是最不好的，因为那像是在谈判，最好的位置是彼此坐旁边。

坐旁边怎么沟通？当然不是两个人面对前面排排坐，而是两个人互坐在旁边，但是头与身体的方向都要向着对方稍微侧身。如果空间上无法这样安排，至少也能够以九十度角的位置，这样的沟通方式跟对面坐的位置效果就差很多。

如果今天有人来跟你沟通，他一下子接行动电话、一下子跟旁边的人打招呼、一下子跟你讨论，然后眼神一直不专注，你会喜欢跟这样的人沟通吗？你认为你说的话他都有认真听吗？

所以，我们要有专注的肢体动作、眼神等，让对方感受到我们真心的跟他互动沟通。

六、多充实的我

想要跟别人能多沟通，需要不断充实自己，增加自己的内涵，才能够跟别人沟通。

目前，台湾有很多外籍妈妈们，她们要怎么跟孩子沟通？语言都很难相通，怎么教导她的孩子？她以前学的东西跟我们学的东西不一样，孩子放学回家，妈妈不太能协助功课的复习，这个孩子的学习力、竞争力就会比其他人落后许多。所以我很鼓励有外籍媳妇的家庭，公公婆婆一定要鼓励她们去一些社区学校，或是政府办的一些课程上课，不然，影响的不是她，而是你的下一代或是你们的下下代。

所以，我们要不断地充实新的资讯比如电脑、网络等，虽然对年纪大一点的人来说比较困难，但要透过不断的学习才可以跟孩子，甚至与孙子沟通。不然，孩子到了国中、高中都不想跟你沟通，因为他发现话不投机，你的观念他没有办法接受。所以我们要不断地学习充实自己，让自己可以多跟别人沟通。

星云大师常讲，菩萨为度一切众，要广学一切法。做一个人间佛教的弘扬者，如我们的开山宗长星云大师，他能够度这么多的众生，包括文学家、企业主管，不同行业、社会各阶层的人士，就是因为他常常充实自己，能够用佛法的智慧，同理心地去跟任何人沟通。

我们也是一样，到不同的国家、面对各种团体，或不同属性的对象演讲，要先了解那个团体本身所做的工作、形象，甚至他们专业的东西，能够有些许的了解，这样的佛法演讲、心灵讲座，才会对他们有更大的帮助。

七、常练习的口

最后一个沟通的技巧，其实也是很基本的就是要有常练习的口。

沟通，最重要的就是要开口，有句话说“爱你在心口难开”，明明我喜欢你，但是因为没有通过开口表达，你想“他应该知道啦”、“我们已经结婚二十年，他会不知道我的心意吗?”很多事情是必须要表达，但是在传统的礼教中，认为讲“我爱你”、“我很喜欢你”，觉得很不好意思，大家会以为彼此之间的关系应该很不错，其实是感情容易越来越生疏。所以，要常开口沟通，把想要说的话表达出来。

我们跟别人沟通，如果对方一直跟我们说话，而我们只是眼睛看着他，也用很专注的身体对应着他却完全不开口回应，这样的沟通效果是不大好的。你应该开口给他一些回应“喔，我知道、我了解”，他才能讲得下去，不然他会说：“你到底有没有在听我讲?”、“你了解我的想法吗?”

所以你要学习开口互动回应，这也就是要用常练习的口来做的沟通技巧，以上是我们讲到用六根的方法来学习沟通的技巧。

沟通的障碍

一、不沟通

沟通过程中也会有障碍，沟通会有什么样的障碍呢？第一个障碍就是不沟通，不沟通是沟通上最大的障碍。因为如果心态上都不想沟通，怎么学习沟通的艺术、沟通的技巧？所以，你现在如果还觉得哪一个人很难沟通，先改变一下想法："我试着去跟他沟通。"

其实不一定要马上去跟他说话，也许他曾经得罪了你，也许你们之间有一些误会，可以用一张卡片，这也是沟通的方法。也许见了面的时候，先点个头微笑一下，或许都没有讲一句话，但也是一个好的开始，慢慢地再把紧张的气氛缓和。最怕的，就是连点头也不要、理都不理对方，看到人还马上转头，这样的不沟通，就甭提后面要学习的沟通艺术。

父母跟孩子的互动也是一样，通常孩子喜欢跟妈妈沟通，比较不喜欢跟爸爸沟通，因为爸爸每次说话比较严肃，妈妈总是比较和善地问："你有什么事吗？""这个如何呢？"让孩子愿意把他的心意表达出来。

所以，不沟通是沟通学习最大的障碍，我们要学习跟自己沟通，也要学习跟别人沟通，如果目前还有什么人是你不跟他沟通的，请试着用渐进式的方式跟对方沟通看看，也许一笑泯恩仇，不打不相识，最后还可能转变成莫逆之交。

二、主观认知

再者，沟通的时候先不要抱持主观的既定印象。有时候我们跟孩子或朋友讲话，都会有一个刻板的印象，认为“你就是这样子”，或者“我还没有讲，就知道你会回应什么”，这样的情况下，对方就会觉得，“你都已经认定这样了，那何必要沟通呢？”

所以，要先把自己的主观意见去除，既然要沟通，就试着把它归零，从原点开始沟通，即使曾经有一些不愉快或是误会，也试着用不同的方式沟通。

比如有时候孩子告诉我们某件事情，也许是我们对这方面不太清楚，但是我们常常都会有主观想法“孩子不懂事”、“你又知道多少了？”有时候上司找我们谈话，我们第一个就会想到“大概没有好事”，可能他要告诉你一件好的事情，因为你的这种表情，或者是你心里面的感受，也许就造成了不好的结果。

三、自我中心

我们在沟通上的另一个障碍，就是不断地以自我为中心，希望对方听你的，而不是彼此互相讨论意见，达成共识，而是以自己为主，“我说的就是对的”、“你听我的准没错”。

我说过沟通不是谈判，谈判是因为要得到某种强烈的目的，所以要极力争取，让自己多占优势。沟通是应该让彼此皆大欢喜、共生双赢，而不是到最后双方吵得面红耳赤，从此不相往来，这样并没有达到沟通的成效。

四、命令的口吻

沟通过程中最忌讳用命令或强烈的语气跟对方沟通，这也是沟通中一个很大的致命伤。比如信徒来向法师请益佛法，法师也不能强烈表达：“法师说的就是这样，你听就对了。”他不见得要听，他如果问你为什么要这样，要很清楚地告诉对方佛教的道理。

随着时代改变，要如何减少用命令或强势的语气与人沟通，也是我们要努力学习的。

沟通的艺术

一、尊重包容

关于沟通的艺术，我也提供佛法中的一些观点，第一就是要学习尊重包容。在沟通当中,要不断想到彼此尊重,甚至要包容跟自己不同的意见,如果能达成共识,彼此都会很欢喜。如果彼此之间不能相互包容,为了一句话或一个想法就争执,就没有办法再继续沟通。

有的妈妈因为孩子对她不尊重伤心难过,但如果能够先站在孩子立场,多用点包容的心来处理,他心里面反而会更惭愧,对你更不好意思。就像有一个叫小明的小朋友,他家里开餐厅,每天回去都要帮忙洗碗、端盘子,有一天小明在爸妈的床上放了一张“小明的账单”,里面写着:“这个月端盘子两千元、洗碗三千元……”写了好多项,总计九千八百元。意思是说:“爸妈,我这个月做了好多事,你们应该要付我这么多薪水。”

这时候如果是一般的父母看到这张账单,大概小明就要去罚跪了。但是小明的父母很有智慧,他们写了另外五张“爸妈的账单”,把它放在小明的床上,账单上写着:“生小明,零元;喂你喝母乳,零元;换尿布、帮你擦大便……零元。”写了将近一百项,全部都是零元,最后“爸妈的账单”总计是零元。当小明起床后看到这账单,他觉得非常惭愧,因而更爱爸妈。这就是很有智慧的沟通艺术,如果爸妈马上就回应:“你写这张账单是什么?以后每件事情都来算账。”大家就会有代沟。

所以人与人之间能沟通顺畅,是彼此之间愿意互相尊重包容,甚至对方表达你说的不对时,要先倾听他的想法与意见,再说:“你觉得为什么我说的不对?”这样才能够继续沟通,如果你马上就说:“不会啊,我相信我说的一定是对的!”那对方一定会退缩下来:“那就不用再讲了。”

因此在互相沟通上,尊重包容是第一要件,包括跟我们的亲人、同事、周遭的朋友都是如此,才能达到更好的沟通效果。

二、欢喜融和

在沟通当中保持欢喜心很重要,能不能用欢喜的心跟别人沟通,甚至用融和的心,也就是用同理心站在对方的角度来进行沟通。佛菩萨教导众生,都是用融和的方法,一开始就先排斥对方,觉得对方是不对的,那就很难去沟通。

佛陀在世时有一位女孩名叫摩登伽女,非常喜欢佛陀十大弟子中的阿难尊者,她觉得阿难尊者长得很庄严,所以很欣赏他。佛陀知道以后,就把摩登伽女叫到精舍来,“我听说你很喜欢阿难尊者。”摩登伽女说:“对啊!请佛陀让我嫁给他。”

出家人是不能结婚的,可是佛陀并没有马上喝斥她,反而是用智慧的方法沟通,用了欢喜融和且善巧方便的方法，佛陀说："可以啊！如果你想要嫁给阿难尊者，所谓'嫁鸡随鸡，嫁狗随狗'，一定要先习惯阿难尊者的生活作息，要做早课、中午过堂、听课、打坐、还要托钵，你才能够跟他一起生活。"

摩登伽女说"没问题"，为了爱情她什么都愿意配合。所以她就先住到了女众教团，当然女众教团跟男众教团每天都必须要来听佛陀的开示，刚开始摩登伽女深深爱着阿难尊者，但是慢慢听到佛陀开示的爱别离苦、生死的问题、感情观等佛法，摩登伽女因而领悟了佛法，继而发心请求剃度出家，甚至发愿弘法度众。她跟释迦牟尼佛说："听您讲那么多的开示，我不再像从前，错误地爱上阿难尊者，我也要像他一样做个出家人到处去弘法。"

像佛陀如此欢喜融和的沟通实在不容易，一般人很难做得到，但是我们还是要努力学习。我曾经到监所布教，到了教室以后有的人还在上洗手间，有的人慢慢走，管理员就大声喝斥："法师来了，你们还不赶快坐好？"我说："没关系，没关系，各位请先把你的事办一办，办好了才能够专心听我讲。"大家反而很快回座，也觉得这个法师怎么会先尊重体谅他们？

所以，沟通的艺术是先把对方跟自己融和为一体，再以尊重包容、欢喜融和的心，才能跟别人做更圆满的沟通。

三、广结善缘

要做好沟通，还要学习广结善缘。

除了用六根的沟通技巧外，要常常为别人想，如果平常都与人为善、广结善缘、行菩萨道，你会发现有很多事情，原本好像很难沟通的，到时候别人都会来帮助你，因为曾经受过你帮助的人，他们到了你要沟通处理事情的时候，都觉得感恩于你，要给你回馈。

当然我们在帮助别人的心态上，并不是想要求回报，而是能够尽心尽力地去帮助更多人，但在沟通艺术上，无形中也会有更大的助益。

宽心慧语

六根并用好沟通，尊重包容平等心，
欢喜融和能同理，广结善缘菩萨行。

第三堂　亲子教育

教养就像风，一个有教养的人讲的话、做的事，如徐徐的微风让你感觉很舒服，很想亲近；没有教养的人，像一阵狂风让你感到不舒服，甚至厌恶。

亲子关系的重要性

有缘才成一家人

亲子关系是每个人在生命中都会遇到的，即使作为一个出家人，虽然没有再组织新的家庭、生儿育女，但是也从上一代父母的家庭中成长，所以亲子关系对每个人都相当重要，尤其在组织家庭、生儿育女中，我们如何照顾与教育子女？亲子之间又应该保持什么样的互动关系？

很多人常会说："孩子跟我们的关系就像讨债鬼，

夫妻的关系就像冤家债主。”其实这是错误的观念，是规避责任的想法。只要遇到不顺心，或者孩子比较叛逆，在青春期比较不听话，就说：“啊！这个孩子大概是来跟我讨债的。”

能成为亲子一定是有相当的缘分，孩子才会来到我们的家里投胎，一个人要投胎的时候，都会选择跟他有因缘的。是什么样的因缘我们并不是很了解，因为每个人的愿力、业力都不一样，但是既然成为一家人，要如何共同成长、一起学习，这才是更重要的课题！如果只是抱持负面的想法，而不努力地去想怎么培养更好的亲子关系，那亲子之间永远都不会好。

教育分为三环——家庭教育、学校教育、社会教育。其中以家庭的亲子教育最为密切，因为一个人到学校就读的时间，只有半天到七八个小时。接触社会、电视、媒体的时间也有限，但是从小到大跟家人在一起生活的时间还是最长的。

我常举一个小学生的例子，老师上课时教同学们：“过马路一定要走斑马线，要注意红绿灯，红灯时要停下来让车子过，等到变成绿灯了行人才能走。”但是这个小妹妹有一次跟妈妈去买菜，妈妈牵着她的手等着过马路，忽然间看到马路上没有车子来往，妈妈就带着女儿说：“快，跟着妈妈一起冲。”女儿说：“妈妈！不可以！老师说要走到斑马线才可以过，而且要注意是红灯还是绿灯。”这时妈妈就跟她讲：“那是老师说的，考试用的，现在跟着妈妈做就没错了。”小女儿当然不敢再反抗，为什么呢？因为毕竟是妈妈供应她衣食住行，而且每天跟她生活在一起。

父母跟子女之间的关系，会影响孩子人格的发展，将来能不能在社会上有健全的人格与性向……都跟他从小所得到的爱、尊重、责任感等有相当重要的关系。

亲子关系三部曲

亲子之间是什么样的关系呢？有本书里面曾经写到，十二岁以前孩子会把爸爸妈妈当英雄一样地尊敬崇拜，当然十二岁只是大约的数字，有的孩子可能会早一点，有的孩子可能会延后一点，这时候父母在子女心中就像英雄一样。

但是，十二岁到二十五岁这段年纪，孩子慢慢进入了青春期，在身体及心理各方面都在发展的阶段，他会把父母当成像敌人般，为什么呢？因为孩子心里一直觉得，自己已经慢慢成为大人了，尤其身体的茁壮及各方面的成长，都让他觉得自己是个大人，但是父母永远把他当成小孩子，常唠唠叨叨、说这说那、管东管西。在这段时间，很多孩子会对父母产生厌恶感，或是觉得很啰嗦，其实这段是最重要的关键期。

而二十五岁以后的孩子，可能都已经成家立业，会把父母当成像朋友的关系，有时候要做投资、买房子、买车子，都会问问父母的意见，大家一起商量。所以在人生的过程中，亲子的关系是不断在变化。

在爸妈的心中，不管孩子几岁，经常都认为他们永远是长不大的小孩，其实随着时间的改变，就像佛教讲的因缘在改变、无常在变化，我们的心里也要不断的调适自已对小孩的态度。如果不管子女年纪多大，永远把孩子当成小孩，很多的关系就会处不好。

曾经有一年冬天我跟父亲一起回奶奶家，老人家总是关心晚辈们身体健不健康？衣服有没有穿暖？但是，我很讶异也非常感动的是，奶奶竟然没有问我们这些孙子们："你的衣服有没有穿暖？"倒是问了爸爸。奶奶今年已经八十多岁，父亲也六十多岁，当我看到那个情景时非常的感动，也领悟到在八十多岁的父母心中，对已经六

十多岁的孩子，还是会不忘提醒："你的衣服有没有穿暖？身体有没有照顾好？"

我父亲本身也学佛，所以能够了解这样的因缘，就说"谢谢妈妈的关心"，这当下就形成很温馨的画面。但是有一些人就会觉得，我已经六十多岁，孩子都读大学了，你还问我这些问题，会不会太唠叨？亲子之间就冲突了起来。

再者，我想跟大家谈谈亲子之间一些错误的观念。

亲子间的错误观念

一、把孩子当成投资的财产

很多人有"养儿防老"的观念，希望孩子将来赚大钱，能照顾我，其实这个观念是错误的。在佛法中常说，孩子来投胎在我们的家庭，是过去的因缘所成，他们将来也许会到美国工作，也许到世界其他地方发展。

其实现在社会的老人照护也做得很好，只要自己作好理财及退休养老规划，把自己的身心照顾健康，不要太依赖孩子是我们的财产，而是把孩子造就成为社会大众的财产，大家都能够好好地善用我的孩子的专长，我的孩子也能够尽己所能奉献社会，而不是期望他每天住在家里照顾自己，赚多少钱奉养自己。

如果大家把孩子当成是自己的财产，等到孩子长大离开家就学、工作，父母五十多岁进入空巢期，常常觉得不能调适。为什么婆媳之间有很多相处的问题，其中之一就是因为妈妈永远把儿子当成她的，太太也把先生当成她的，就会有很多比较、计较。

但是如果妈妈能够想，“亲子的血缘关系永远不会断，他将来也要独立抚养家庭，我照顾儿子到长大成人这个阶段，像接力赛一样把他交棒给他老婆照顾。”而且还会心存感激媳妇对儿子与孙子的照顾，那这样的婆媳关系一定非常好，因为彼此会互尊互重。

二、把孩子当成实现梦想的对象

第二个错误的观念，就是把孩子当成自己实现梦想的对象。很多人常常抱怨自己这辈子，可能因为儿时家里的经济、时代的封闭，所以书读得不多、读得不够好，不然以自己的资质才华可能可以当医生、当老师。很多父母都把自己这辈子未完成的梦想跟愿望，投注在孩子身上。

我曾经遇到一个青年，他考试考到后来都没有了信心，为什么呢？因为他父亲一直希望他读某一所医学院，他也因为这样大学重考了四次，虽然最后考上了医学院，但是他对自己已经没有自信，而且对医学也没有兴趣，后来在医学院也念得一塌糊涂。

所以，不要把孩子当成是自己未完成的梦想实现的对象，这样对孩子相当不公平。

三、把孩子当作什么都不会

虽然身为父母人生历练比较多，但是孩子现在所接触到的很多资讯，我们也不见得曾经遇到，例如孩子上网，或是接触到很多新的知识，如果父母没有跟随着一起成长，有时候他跟你讲的话，明明不懂又要装懂，还跟孩子辩论，甚至争执，孩子心中就会认为："明明我是对的，为什么父母都是教训小孩子有耳无嘴，只有听的份，没有讲话的余地？"

其实这样的亲子关系是错误的，不要把孩子当成什么都不懂，有时候孩子的创意与想法，可能也会帮助我们学习。

四、只问成绩

另外还有一种不太好的亲子关系，就是从孩子就读小学、初中，一直到高中、大学、研究所，父母跟孩子就常有一个关系——只问成绩，孩子每天放学回来，父母就问："今天考试考得好不好？这次考几分？"

在初中、高中升学主义的压力下，多数的孩子背着沉重的书包回到家里，很多父母第一句话都习惯这样问。孩子有时候考得好，就很高兴讲，考不好的时候就不好意思说。所以教育心理学专家常说，如果亲子关系要好，沟通艺术也很重要。

要父母不问成绩，家长也会担心孩子的学习，但是要怎么问比较恰当？教育心理学家就建议，你换一个角度问，"今天考数学，你觉得难不难？有没有觉得困难的地方？"如果今天这个孩子考不及格，考四十分，他就说："对啊！很难。"那这时候再来问他："你觉得难在哪里？是不是粗心大意算错了？或是自己没有准备好？"

不要让关系只是建立在分数上，而是能够倾听孩子内心的需求。

五、供应衣食无缺

最后一个亲子关系的错误观念，就是我有供应孩子衣食无缺，这一点也是很多父母心里面常这样想，"我明明就已经提供你最好的吃、住，你要补习，要买的东西，我都给了你，为什么你还是不听话、不认真？"

其实这样的观念是错误的，既然要养育子女，从生育、养育到教育都是父母的责任。所以如果只是因为衣食无缺，老觉得我们已经付出很多，孩子怎么没有对我们相对的付出？这样的亲子关系怎么会好呢？

如何增进亲子关系

一、让孩子一起参与计划

尽量让孩子一起参与计划，不要把孩子当成什么都不懂。比如全家要去旅行，可以跟孩子讨论想去哪里？当然孩子们想去的地方，跟家长想去的也许有一些落差，需要彼此相互的沟通。旅游地点当中有一些是小孩子玩的儿童主题乐园，也有一些是比较适合大人休闲的大自然的风景，决定时不是完全都要听小孩子的，也不能完全由父母把持，小孩子只能接受，没有参与意见的权利。

其实我们应该让孩子从小就学习参与计划，但现在很多父母又变得太过于溺爱、太纵容孩子，“好好好，都听你的，只要你书念好，你要去哪里玩，爸妈都依你的。”这是错误的，因为如果完全溺爱孩子，这孩子将来在社会上的人际关系或跟别人沟通上，就习惯认为别人都应该听他的。

所以，我们应该在各项计划中，让孩子发表意见，学习表达想法、也学习相互协调，能够接受别人不同的意见，当然父母也要努力去制造这样的机会。

二、每天留点时间与孩子安静相处

每天跟孩子之间，都应该要有一些安静的时间相处。我们每天跟孩子一起吃饭，聊聊学校的事情，吃完饭以后，留一点时间给孩子看新闻或是儿童节目。到了七、八点，全家人的活动应该要恢复安静，孩子写功课，父母也看看书，而父母不应该继续看电视，因为孩子的心中会想，你都叫我去写功课，自己还不是一直在看电视？而且从下班一直看到半夜十二点，他在房间里面，就一直没有办法把心安定下来。

所以在教导孩子成长的过程，父母应该培养另一种阅读、学习的兴趣。你想想看，如果孩子回到家，家长跟朋友们整晚都在打卫生麻将，孩子的心怎么能够静得下来？

共同安静的时间，不是把孩子留在家里读书，夫妻外出散步，因为孩子们还是会羡慕，父母到底跑去哪里，为什么整个晚上都不在家？

所以共同安静的时间是，大家虽然在不同的房间，但是孩子可以感受到你们也在读书、也在学习、也在成长，他就会觉得自己也应该要努力用功。

三、多点变化增加乐趣

第三就是应该在亲子关系上，偶尔多点变化，增加一些生活乐趣。我们每天都在家里吃饭，如果遇到一些节日或特别的情况，可以带孩子去餐厅吃个饭，甚至于安排不同的旅游行程，让亲子的关系多一点变化、多一些乐趣。

四、让孩子一起做家事

要让孩子一起做家事，是增进亲子关系的方法。现在很多父母因为生育得少，只有一个或是两个孩子，都过度保护不让孩子做家事。我从小家里面都在培养我们要一起做家事，当然做的家事不像父母这么多，有时候快过年了家里要大扫除，应该让孩子们一起大扫除。但是很多父母会担心，怕影响孩子的功课，所以小孩什么家事都不要做，不用帮忙准备，也不用跟亲戚朋友拜年，只要他在书房读书，只问成绩好。

这对孩子的成长很可惜，因为没有培养家事合作的团队精神，孩子更没有办法体会到父母的辛苦。所以，应该要让孩子学习做家事，即使让孩子因为做家事打破了碗，也不要马上骂他："你都不会洗碗，不要洗了。”应该要让他知道，怎么才是正确的洗碗方法，这样他才会进步。

记得小时候，我的父母常常带我们到大自然的风景区爬山，当时在台湾北部刚创立一个野生动物园很有名，我们就一直跟爸妈说想去，但是父母告诉我们，那时候没有很多的高大树木，一定很热，等过几年再去，我们也很欢喜地接受，觉得如果去了，没有树荫的确热。就这样过了五年，到了升大学之后，就不会很想去了，因为你会跟同学自己去旅行。现在回头想想，当父母给我们很正确的理由，或是告诉我们为什么不这么做的时候，就能够很欢喜地接受。

所以当孩子跟我们一起做家事，拖地时把水桶打翻了，也要记得他帮忙拖地做家事，是一件对的事，就应该先鼓励他。但是他在玩耍中把水桶弄翻了，你还是要趁机告诉他，做家事的时候必须要用心。做对的事要适当鼓励，做错的事情也要适度的指责，我们应该让孩子在是非对错中，很清楚地学习与成长。

善用佛法增进亲子关系

一、观察因缘

每个孩子在成长的阶段都有不一样的因缘，包括性向、专长、兴趣、能力等，也许你有两个或三个孩子，在佛法的角度来看，他们的因缘都各自不同，你所用教育的方法也要有所不同，我们应该要常常观照孩子的差异性，给予不同的教导，但千万不可拿孩子相互比较。

二、体会无常

孩子随着时间一直在成长变化，从一个小婴儿，到读了幼稚园的可爱小朋友，在小学、初中等求学阶段，要不断观察他的成长变化。本来小时候很喜欢说话，为什么到国中变得沉默？是不是在学校被同学欺负？或是被老师羞辱、打骂，让他过得不快乐，你都要去观察这些无常的变化，才不至于到了不可收拾的结果，才后悔莫及。也希望身为父母要不断地接受孩子成长上带来的改变，才是增进亲子关系的良方。

三、学习无我

家长之所以能够成为孩子的父母，就应该比他们有更多的尊重跟包容，也就是说，如果我们心里面常常想“你是我的孩子，你就是要听我的，我说什么，你就要做什么。”这样强烈的我执观念，也许你们的亲子关系在孩童阶段可能都很好，当孩子进入青春期后，就会有很多叛逆现象，因为他已经对你执著专制的个性和脾气压抑很久了，他也在等待自己身体长大，心中相对会产生一些强烈的反弹或是叛逆的性格。

现代父母糊涂事——五太多

一、想太多

我想提供现代父母常犯的十件糊涂事让大家参考，当然不一定每个父母都会犯同样的错误。我们常常因为这十件事情，让孩子跟我们之间的关系，乃至于亲子教育，产生了很多的问题跟障碍。这十件事中刚好有五个太多，也有五个是太少。

第一就是想太多，我们常常为孩子考虑得太多，很担心他这个做不好，那个做不对，甚至希望他书应该怎么念，初中要读哪一所学校，将来一定要念医学院，就像前面讲的，孩子好像是你实现梦想、实现未完成理想的棋子。

不要什么事情都替孩子想太多，有时候应该抛出问题，让孩子自己独立思考，孩子如果太容易得到答案，就没有办法培养独立思维的能力。

二、做太多

父母总是担心孩子没有时间读书，只要他吃完饭，就叫他赶快去读书，都不让孩子做点家务事。其实应该不要替孩子做太多，比如说吃完饭，洗碗可以轮流做，因为妈妈已经煮饭了，爸爸也在外面工作，礼拜一由姊姊洗碗，礼拜二轮弟弟洗碗。当然，孩子可能会洗不干净，你还是会重洗一遍，但是你必须要让他有参与感，他碗盘洗不干净，就应该教他怎么洗才会洗得干净。

我遇过一个实例，有个男生他有九个姊妹，所以家里所有的家事除了妈妈之外，都是这九个姊妹帮他处理，等到他三十岁结婚，老婆跟他说："帮我把衣服放到洗衣机里面，帮忙洗一下衣服。"但他连洗衣机怎么开都不会，因为他从小到大，连洗衣机的盖子都没有打开过，更不用说如何启动机器了。

三、骂太多

有时候要让孩子参与时，只要孩子表示不同的想法，或许你听起来比较不成熟，或是比较不可能实现，就马上教训他。或是孩子帮忙洗碗、帮忙晾衣服，晾得乱七八糟，洗碗敲破了，就马上骂他。他会想："那就不要叫我洗。"

而且孩子会养成逃避责任的心态，"多做多错，少做少错，不做就通通都不会错。"所以，要给孩子一些犯错改进和学习的空间，但是也要告诉他，你下次要再多用心，会做得更好。

四、给太多

只要孩子想要的，就一定买给他，同学有手机、电脑，他也想要买，父母什么东西都满足他，因为希望用物质交换孩子对你的好，乃至于是交换他努力读书的条件。但是如果孩子还不需要某些东西，应该要清楚地告诉他，父母赚钱很辛苦，不是我不买给你，而是买了以后，第一会对家里的经济产生了压力，第二在物质上跟别人比较是永远比不完，倒不如充实自己的能力将来才会有发展。

现在，很多小学、初中学生带着手机上学，小朋友在学校下课没事，两个同学就坐在旁边用手机通话："你有没有听到？"然后再比较谁的手机比较炫，上课不专心，互相传简讯，手机变得像玩具，没有真正发挥它的效果。所以给太多，会让孩子养成需索无度，将来什么事情都想跟父母用物质交换条件。

五、要太多

第五是要太多，就是希望孩子做什么事情都要顺你的意、满你的愿，希望他考试考高分，工作赚大钱，因为你能够拿孩子的表现跟亲朋好友炫耀，这也是父母容易犯的毛病之一。

现代父母糊涂事——五太少

一、玩太少

在孩子还是婴儿的时期，我们最喜欢逗弄孩子，陪孩子玩，等到小孩慢慢长大以后，好像比较没有那样的心情陪孩子玩。甚至一到了求学时期，假日或寒暑假也不安排出去玩，因为要补习、要考试、要学才艺等等。其实适度的户外活动反而会让孩子身心放松，除了增进亲子关系外，也会让读书效果加分。

二、坐太少

陪孩子谈谈话、看书、看电视，一起坐下来做共同的事情的时间变少了。回到家就各忙各的，孩子读书、妈妈做家务、爸爸看电视，到了隔天又各自上学上班，一天当中一起坐下来互动的时间太少了。

三、知太少

什么是知道太少？就是我们常用上一代父母教育我们的那一套方法来教育孩子，孩子不断地成长，我们却没有一起成长，所以我很鼓励爸爸妈妈多听讲座，甚至学校办的亲子讲座，父母应该尽量拨空去参加。

我们要不断的成长，才知道为什么现在的孩子，跟二十年前有不一样的思维方法，因为以前我们看书看的多，现在孩子电视看的多，养成了跳跃式的思考，跟以前看书的思维方式就不一样。

所以，一定要让自己不断地学习，孩子要你买一部电脑，各位都会努力去做到，但是孩子在上网的世界里做什么，你知道吗？所以你也应该要去学习电脑课程，学上网、学习数字化的生活，也去看看网络的世界里面有什么，才可以跟孩子谈这些问题。

四、爱太少

有时候我们是把孩子当成是自己的财产，或是希望他们怎么样去做，按照你的规划，但这不是爱他，有时是害了他。所以，我们能用同理心真正爱他，善观每个孩子的因缘。

五、变太少

第五是变化太少。我们跟孩子之间相处的模式没有太多变化，他读书放学回家，就一成不变地问他，“你今天考什么?”、“考几分?”、“考第几名?”

每天只要回家，几乎家长第一句话就是只问成绩，所以变化太少。应该常常有一些语言的变化，沟通的变化，生活的、家庭的变化。从以上十项父母容易犯的毛病中更知道，为人父母真的不容易，要学习的事情真的很多。

中道的亲子教育

爱的教育不是纵容

以前父母对孩子的教育很严苛，甚至会到学校跟老师拜托：“你要严格地教导我的孩子，甚至打我的孩子都没有关系。”

但是现在的父母，可能因为生育的比较少，所以对孩子特别的宝贝，都跟老师交代："不要打我的孩子，不要太严厉，要给他爱的教育。"其实教育要中道的思想。

很多父母把爱的教育当成纵容溺爱，其实是错误的认知。爱的教育应该是对错清楚、是非分明。爱的教育中，并不是没有指责的教育，就像菩萨有慈眉善目，有时候也会化现成金刚怒目，所以爱的教育不是完全呵护，即使孩子做错也不指正，这样对孩子的人格教育上会产生严重的问题。

孩子做对了一件事，我们却又夸大其词赞美他，认为这也是爱的教育，教育心理学家都认为这也是不恰当。比如孩子数学考八十五分，比上一次的八十分进步了五分，一般的父母就会以自认爱的教育方法，甚至想促进跟孩子彼此的关系，就会说："你这次考得真好！你是全世界最棒的小孩！你是全校最优秀的小孩！"

教育心理学家认为上述的情境不应该如此赞美，因为孩子从小一直被灌输"我是最优秀、我是最棒的"，就会认为别人都不怎么样，到了学校或出了社会，发现人外有人时常不能调适，觉得"怎么会有人比我好？怎么有人认为我不够优秀？"进而产生了强烈的挫败感。

正确的教育方式是应该告诉他："这次我看到因为你的努力，平常也认真练习，所以这次数学从八十分进步到八十五分，因为你很用心，所以多进步了五分。”这样才能让孩子知道，有努力才会有进步，这才是正确的爱的教育。

对要赞美，错要指正

刚刚也提到对错分明，做对了，应该要鼓励他；犯错了，还是要更正，要指导。

教育咨询专家郑石岩老师举过一个例子，有个孩子的暑假作业，是要看一本书然后写心得报告。这个孩子到了暑假快结束，隔天要注册了，才发现整本书都没有看。这个小孩子的文笔能力比较好，所以他把书的前三页和最后三页一看之后，就开始写作业，写完以后隔天很心虚地交报告。

两个星期之后，老师发回暑假作业，念到他的名字时，这个同学很担心，结果老师说：你得到甲下！他心里面想：“为什么我会得到甲下？我根本就没有看这本书，我想可能会丙或丁。”

这时老师把他叫到前面来，说：“你的文字写得很流畅，文笔很好，所以老师要鼓励你，给你‘甲’。你知道为什么还有个‘下’吗？就是你根本没有认真读这本书，你只是前面翻翻，后面翻翻，里面所写的东西，言不及义，虽然文字流畅，各个段落都很清楚，但跟这本书完全没有关系。”

所以，“甲”是赞美他的文笔，意思说不要因为他没有看书，就连带否定他的作文能力，扼杀了这个孩子的才华，但还是要责备他没有用心读这本书，所以老师给“甲”“下”是对错分明的指导方式。

再举一个例子，有个妈妈在煮晚餐时，突然发现酱油没有了，就跟孩子讲：“去帮妈妈买酱油。”孩子很高兴地去买酱油，可能你也忘记跟孩子交代要买的是酱油膏，结果当孩子买了一瓶酱油露回来，你就责怪他说：“你怎么买这种，我不是要买这个，赶快再去换。”

各位有没有想过？孩子帮你买酱油，是做对了一件事情，你应该要赞美他。父母没讲清楚以致他买错了，父母也应该学习认错，“不好意思，妈妈刚才急着请你买酱油，忘了说要买哪一种。”而且可以藉这个机会教育他，“下一次你也可以问妈妈：‘你要买哪一牌、哪一类的酱油？’”这样的方式，才是正确的爱的教育。

不能够因为他买错了，就全盘否定他：“你怎么那么笨！买错了。”下一次你再说，“谁去帮妈妈买酱油？”大家当然都不想去，因为多做多错，少做少错，不要去买大概就不会被骂。

所以，爱的教育应该是心里存着对孩子真心的爱，当他做对的时候应该正确、适当地鼓励，而不是夸大其词说他是最好、最优秀的。责备的时候也要适度，也不应该说他是全世界最坏的小孩，最笨的，这样他会想："好，你说我最坏，我就变坏给你看。"尤其在孩子们当中，我们过于比较兄弟姊妹彼此的差异，也是不恰当。

品格教育比知识学习更重要

父母在品格教育方面应该要教孩子什么呢？求学读书很重要，但是人格的教育、品格的教育比读书更加重要。我记得小时候很高兴拿了张模范生的奖状回到家里，父亲问我："奖状上写了'品学兼优'四个字，是什么意思？"我说就是品德跟学问都要很好，父亲又问为什么学校没有印成"学品兼优"？以一个小学一年级的八岁孩子，当然不了解，父亲就告诉我，品德跟学问都很重要，但是古圣先贤就强调品德比学问还重要。这一句话，从八岁到现在，我的印象都非常的深刻且铭记于心。

现在，我也必须告诉所有的朋友，尤其是为人父母、祖父母的各位读者，对子女或是晚辈的教育，不要只是看他读哪个名校？将来要做什么样的大官？赚多少钱？而是要看他有没有为人处世圆融成功，有没有养成良好的品德？这个就是教养，是父母或家庭给予的教养，就是一般人说的家教。

教养就像风一样，我们看不到风到底长什么样子，但是怎么感受到风的存在呢？当徐徐微风吹过你的面前，一阵凉意感到好舒服，就像一个有教养的人讲的话、做的事，让你感觉到很舒服，很想亲近。但有时候一阵巨风、狂风，吹得你东倒西歪，让你会感觉害怕、恐惧，没有教养的人，言行非常的粗鲁，让你感觉到不舒服，甚至厌恶。

你希望培养孩子有什么样的教养？在人格的教育当中，除了读书之外，有几项品格教育是我要再提供给父母，能够常常教导孩子学习的。当然父母本身也要具备，才能以身作则。

（一）明因果

第一要培养孩子明因果。因果的观念就是种瓜得瓜、种豆得豆。当孩子有努力，我们应该要赞美；犯了错，要让他知道错在哪里。现在很多父母对孩子的纵容，比如说十二点该吃午餐了，孩子拖拉不吃，说我还想睡觉，妈妈就会说："没关系，我饭菜留在桌上。"到了两点不吃，四点还是不吃，养成了不好的生活习惯。

我们应该要让孩子明因果，"好！这餐如果时间过了不吃，就要等到晚餐。"所以，当你喊了一两次他不吃，甚至给了他半小时，他还是起不了床，全家都吃饱了，你就把碗盘收一收，等到晚餐他饿了就会下来吃，下次也就不敢如此了。

我们常常想"没关系，他等一下再吃"，把东西留给他，就这样一次又一次，他会越来越没有规矩，也越来越纵容自己。

一个妈妈带孩子搭公车，每次到站了孩子都叫不起来。有一次妈妈就跟司机商量："我到站会先下车，但是我会坐计程车跟在后面，过两站你再跟我的孩子说，你妈妈已经下车了，他一定会很紧张，你让他下车，我会在路旁接他。"

结果当妈妈到站先下车，孩子还是叫不起来，过了两站司机先生就说："小朋友，已经过站了，你妈妈已经下车了。"那孩子突然间受到惊吓，醒过来哭得很大声，就赶快跑下车。这时候，他妈妈就告诉这个孩子："以后如果到了站，你还是叫不起来，就会像今天一样。"

从此以后，只要妈妈说："快到站了！准备下车。"她的孩子就马上醒过来准备下车，这个就是明因果，要让孩子清楚因果，就是做了什么事情，会得到什么样的结果。

(二) 负责任

第二要培养孩子负责任。让孩子帮忙做事就是希望他用心做完，从小不负责任，长大后容易养成会一下子换工作，一下子嫌老板，一下子埋怨外面的环境，因为他从小没有对自己养成负责任的习惯。

（三）要勤劳

第三要养成孩子勤劳的性格。要让孩子从做家务中，养成勤劳服务的习惯，这会深深影响孩子这一生中在学校或是社会工作上的表现。

（四）有爱心

第四要增长孩子的爱心。在生命教育、人格教育当中，培养孩子有爱心是相当重要的，比如发生了土石流灾难，如果能够告诉孩子，要知道保护生态的重要，要感受到这些罹难者很可怜。如果看电视时，孩子说："妈妈！这些人好可怜！"你却跟他说："不会啊！这又不是我们家，没什么大不了。"这样孩子在人格上慢慢就会变得冷漠、无情，甚至对别人的生命产生不尊重的想法。

（五）学认错

让孩子学习认错。犯错的时候，要培养孩子主动认错、道歉，还有不要养成孩子说理由、找藉口的习惯，他在成长的过程当中，才会有一个更加完美、完好的人格。当然身为父母也会犯错，所以做错了，不要只顾自己的面子，还是要以身作则，学习跟孩子认错。

宽心慧语

尊重不纵容——对孩子用爱的教育相互尊重，但是不纵容。

责备不粗鲁——孩子犯错的时候，要适度责备，但是不应该有太严厉的打骂。

亲子共成长——孩子在读书、成长，父母也要读书，也要学习。

第四堂 人际关系你我他

我明明做得很好，为什么上司不喜欢我？
我希望跟同事相处好，
为什么大家排挤我？
人际互动跟每个人都有切身的关系，
我们要如何创造好人缘呢？

人际关系的重要

好人缘来自好因缘

人际关系是每一个人都避免不了的，佛教讲众缘和合，我们生存在这个世间，就必须有很多的人、事、物一起成就，所以只要生存在人世间，人与人之间就有相当多的关系与互动。

日文把人的汉字写成“人间”，而不是单纯的“人”，表示说我们做一个人，是离不开别人也离不开动物、植物，一切生物相存、相依的关系。

有许多人从小到大，在人际关系上处理得相当妥当，但是也有人在人际关系上遇到很多困难，觉得不顺遂、不快乐。其实，大部分都不是工作困难，而是人际关系出了问题。譬如说我明明做得很好，为什么上司不喜欢我？我希望跟同事相处好，为什么大家排挤我？乃至于在学校里面，孩子们高高兴兴地去上课，但是闷闷不乐地回来，除了读书考试的压力之外，另外一个可能要注意的，就是他跟同学之间的人际关系出了问题。

所以人际关系这个课题，跟每个人都有很切身的关系，毕竟这是一个群我的世间。什么是好的人际关系呢？我们常常说这个人很有魅力、很有影响力，其实一个人长得好不好看，倒不是他魅力真正存在的要点，而是他能不能散发出热忱，乃至善于处理人际关系。

另外，人脉是人际关系比较现代化的一种诠释，事情都有它的脉络，人脉就是人与人之间的关联

性。我们跟每一个人之间的脉络有没有畅通？这个脉络的线是否连结得很好？从不同的人，一直到不同的线，乃至于组成一个面，我们整体的人际关系如何？人际关系最重要的，也就是包括跟亲人、朋友、同事，乃至于跟主管之间的互动。

人缘不好先反省自己

为什么人际关系会不好？不好的原因出在哪里呢？很多人常会想，我的人际关系不好，是因为别人对我不好，因为我长得不好看、我的家人不喜欢我，其实我们应该要学习反省自己，看看我们的人际互动的问题出在什么地方？

有一位信徒跟我抱怨，她很欢喜跟别人结缘，但是为什么她在道场人缘总是不太好？原来这位信徒很热心，也很发心，平常乐于去帮助别人，但是她讲话心直口快也不够圆融，常常直接指出别人的错误，因此喜欢跟她说话的人越来越少，她的人际关系也变差了。

她问我："我念观世音菩萨、也拜观世音菩萨，为什么我的人缘，就没有像观世音菩萨那么好？"

我跟她说："你念观世音菩萨、拜观世音菩萨，最重要的是自己在身口意上也要学习做观世音菩萨。"

我们如何做观世音菩萨呢？从内心及言行上都学习做观世音菩萨，看看自己有没有柔软心？有没有慈悲心？有没有同理心？有没有观世音菩萨的微笑？观世音菩萨的慈眉善目？你看观世音菩萨的莲花指，洒甘露的动作是那么柔软、那么慈悲，但是我们在招呼别人的时候，常常大声说话、动作夸大，这样别人心里的感受就没有那么好了。

每个人要增进自己的人际关系，都应该先找出病因，找出问题在哪里，先不要怨天尤人。就像天气变冷了最好的方法就是自己加衣服，天气变热了就吹吹冷气、电风扇，或是改穿短袖。如果怪罪天气变化无常，最后难过甚至生病的还是自己。

人际关系不好的原因

一、好批评

人际关系不好的原因，第一个就是好批评。

好批评是人际关系中最大的致命伤，我们很容易对一件事情心生不满，或觉得不知足，而产生负面的批评。

听到要成就一件好事，当大家都很欢喜地说："真好！大家一起来扶持，共同完成"时，每个团体里总有一两个人，他也不是不持，但是嘴巴老是说："这有什么了不起？这个创意我老早就想到了。"

为什么老早想到的事情，你不提出来跟大家分享，等到某人提出很好的意见时，却在旁边泼冷水，或者是擅加批评，都是习惯从负面的角度看待问题，这样的人当然人际关系会不太好。

二、不结缘

当别人需要帮忙的时候，我们总是为自己着想，以自我为中心，不喜欢去帮助别人。

我在读书的时候，有一位成绩优异的女同学，每次同学要向她请教问题，或是请教她题目如何作答，她都不愿意回答，因为怕自己优异的成绩被同学超越了。有一天这个女同学的爷爷去世了，她请了丧假，当她结束丧假返校的隔一天就要期末考，她很紧张地问全班同学，老师有没有讲哪些题目比较重要？哪些重点是大家要努力阅读的？但是几乎没有一个同学愿意跟她分享，为什么呢？因为她之前都不喜欢跟别人分享结缘。

所以当别人希望跟你交流的时候，你却自私地筑了很多的高墙，阻挡了这些互动互通的管道时，当然人际关系就不好。

三、好两舌

人际关系不佳的原因，第三项就是喜欢两舌。

什么是两舌？佛教讲的两舌，是比喻东家长西家短、搬弄是非，以现代话来说就是很爱八卦，知道别人的事情却没有帮别人保守隐私秘密，还到处宣传，表示自己很会探听，但是几次过后，就没有人愿意把心里的话，真心地向你倾诉。

增进人际关系的方法

关于如何增进人际关系的方法，我分两方面来跟大家谈，第一部分是结集专家学者所谈的人际关系增进法，第二部分则是佛法中所提改善人际关系的方法。

一、真诚对待别人

增进人际关系的关键，第一就是要真诚地对待别人，每个人心里都可以感受到人与人彼此之间互动的感觉，比如很多人会感觉到“我今天去拜访他，他只是虚应故事敷衍我”，“今天跟他打招呼，他没有用真诚的心来对待”。

要得到好的人际关系，我们要发自内心真诚地对待别人、关心对方。

二、赞美与感谢

第二，我们要真诚对人赞美与感谢。

对于很多的事情，如果我们能抱持赞美与感谢的心，也会增进自己的人际关系，前段也有提到要学习不批评、不抱怨，当我们心存感恩、口常赞美，一定会让自己得到好人缘。

三、经常微笑

增进人际关系还有一个要点，就是要经常微笑。微笑是人与人之间沟通的第一步，也是这个世界最美的表情。

因为平日工作的压力、生活的烦闷，大家常常忘记了自己脸上的笑容，大家有没有注意到早上赶去公司上班时，几乎整部电梯里面的人都没有表情与笑容。

如果今天看到一位同事，从门口走进来就很有自信，也很真诚地露出微笑，展现出一天的活力，各位会觉得还没有跟他打招呼，就已经被他感染了那份热力，

人。一个菩萨要渡众，不可能先骂了对方，之后再来说我要渡你，必然是先给予鼓励，所谓“先以欲钩牵，后令入佛智”。

增进人际关系也是如此，与人互动一定要先鼓励他、关怀他。很多人常问我，爱语跟拍马屁有什么差别？当然完全不一样，因为爱语是我们心中没有为了私人利益，没有为了什么特别目的，只是希望能帮助他，所以给予爱语鼓励。

最后一个是利行，就是给予他人种种的方便。要能契理契机、给人方便，需要有慈悲、智慧与善巧方便。以前有个佛学院的学生很想念家人，跟院长星云大师请假三天，他心想应该不会获准，没想到大师给了他七天的假，他满心欢喜回家。但到了第三天就返回佛学院，因为他每天在家无所事事也很乏味，这就是星云大师渡众的善巧方便。如果我们都能给人尊重与方便，其实别人也会更敬重我们。

二、行三好

星云大师提倡每个人都能推行三好运动“做好事、说好话、存好心”，从这三方面来增进人际关系。如果能日日行三好，你的人际关系一定会变好。

但也有信徒会说，“我有到道场来拜佛做义工，可是我发现道场里人与人之间的相处，好像也是需要学习。”其实不管在哪一个团体，只要是有人的地方，就会有人际关系的问题存在。我常说“人”这个字是很简单的两笔画，但写的时候是左右分叉的，表示每个人本来就有很多不同的意见与想法，因为大家的文化、教育、家庭背景各方面都不一样，在这样的差异当中，就会产生不一样的看法。

所以，如果我们存着好心，发心做好事，学习说好话，我相信彼此间的误会委屈只是一时，如果因为人际问题而离开道场，真的就太可惜了。

三、你对我错、你有我无、你大我小、你乐我苦

佛光山星云大师曾开示要有好人缘，就要学习“你对我错、你有我无、你大我小、你乐我苦”。如果凡事都能够先想到“你对我错”，有什么事情“你有我无”不计较，也有“你大我小”、“你乐我苦”的观念，那每个人的人际关系一定会变好。

最后，我再给大家几个增进人际关系的方法。

一、常自省

人际关系要变好，要不断地常常自我反省，有反省才会有进步。再加上前面提到的一些好方法，例如佛

教的菩萨四摄法，都能常用在我们生活当中，常问自己做了多少？进步了多少？

二、多学习

大家不要认为我们一出生人际关系就自然会好，而是必须要努力地去学习与人相处、与人沟通，甚至学习如何与人互动。

三、善沟通

人际关系要改善，很重要的方法就是学习沟通的艺术，你会发现用电话沟通或用 E-mail(电子邮件)沟通，倒不如有机会亲自登门拜访，把事情说清楚讲明白，比较不会造成不必要的误会。

宽心慧语

星云大师开示：

你对我错、你有我无、你大我小、你乐我苦。

如果我们凡事都能够想到“你对我错”，先反省自己，“你有我无”不计较，也有“你大我小”、“你乐我苦”的观念，每个人的人际关系一定会变好。

第五堂 感情世界面面观

有人说：世界上最远的距离，
不是生与死的距离；
而是我站在你的面前，你却不知道我爱你。
我们生活的这个娑婆世界又叫有情世间，
每一个人都有七情六欲，
都离不开人与人之间的感情，
那么，理性与感性如何拿捏？感情的分寸又在哪里……

佛教说我们生活的这个娑婆世界，又叫做有情世间。除了物质世界之外，存在的就是有感情、有生命的有情众生。我们在生活中都离不开人与人之间的感情，包括自己内心的感情、情绪，以及与别人之间的感情。

到底人与人之间的情，要到什么地步才恰到好处？很多人说自己是理性的、不是很重视感情的人，其实在我们的生命中，理性跟感性是不断地融合、不断地协调，不可能完全没有感情而纯粹只有理性。

问世间，情为何物

这个世间到底有多少种感情跟我们有密切的关系？

第一个是亲子、父母之间的感情，第二个是手足之间的感情，接下来还有师生的感情，和同学之间的同侪之情，以及跟朋友、同事的感情，还有两性的感情；现在又多了一个另类的感情，就是网络上虚拟世界的感情。

骨肉之情

父母、手足与我们都是血缘关系，骨肉虽然难以分离，却常常因为沟通不良，造成父母、亲子、兄弟之间的感情受到伤害。亲子关系最重要就是不要有占有的想法，不要把孩子当作财产、和自己实现梦想的对象，更不应有养儿防老的观念。

孩子本身也应该知道，在自己成长的过程中，父母也随着年纪在变化，如果父母不理解我们，要想到父母跟我们年龄上有一些差别，我们也会有为人父母的时候，所以彼此能够互尊、互重、互谅，就能够更珍惜亲子之间的感情。尤其不要以为，过年给个红包，平常买个好的东西，或者买房子给他们住，就是孝顺父母，最重要的应该是要让父母深深地感受到我们对他们的关怀。

第二是手足之情，通常有两种状况时会出现问题，一个是父母的财产分不公平产生兄弟阋墙，另外一个是父母年迈时应由谁来照顾？

财产分得公不公平，有时候不一定会造成感情的分裂，如果有更大的心量想，因为我们过得比较好，所以父母给其他兄弟的多一点，这反而是自己更大的福报。像我的父亲年轻时从事米商的工作，有一天爷爷跟我父亲说，叔叔要创业比较不容易，是不是能够把米商的工作全盘交给他？我父亲当时自认可以再从事其他的投资工作，所以就把所有客户的名单及所有的制米机器都给了我这个叔叔，让他去成家立业，而我父亲也真的增加了更多的福报。

所以，很多事情不是像一般人看到的，父母好像不公平，而是因为每个兄弟发展都不一样，如果你财产比较多、经济上比较富有，父母可能就把名下的资产，多分一点给比较需要的子女，因为兄弟姊妹就像父母的手，五根手指头虽然各有长短，但是手心、手背都是他们心中疼惜的一块肉啊。

师生情、同学爱

师生之间、同学之间的感情，也很值得关切，尤其是老师跟学生之间应该保有什么样的分寸？现在的电视新闻常常报导师生恋，造成已婚家庭的纠纷。老师是要传道、授业、解惑，如果学生跟老师各自都没有婚姻的话，也许可以等毕业后再慢慢地去发展，因为这是感情的自由。但是在学期间并不恰当，因为其他同学会认为老师跟这个同学谈恋爱，分数一定不公平，考试会不会也给他一些提示或包庇？而且相处上会遮遮掩掩，人家也老是指指点点，学生读书和老师教书的声誉跟口碑都会受到影响，所以师生恋对老师、学生、同学都不好。

至于同学之间难得有缘当小学、初中、高中，乃至于大学的同学，年纪轻的时候，有时会比较幼稚地在同学之间分党分派、搞小团体，甚至彼此之间还有一些较劲；但是常常经过了一段时间，大家彼此认识了以后，反而相处得更好，会更珍惜。放眼现在很多的企业家，包括很有名的一些电子新贵，都是从某个大学一起毕业的同学共同创业。

网络爱情

现在年轻人很流行网络的交友、聊天室等的感情交流,很多人常常透过网络谈感情,但是这样虚拟的世界,有时候会让人人格改变,甚至情绪也会受到波动,因为太不实际了,如果把这些虚假的东西当成实际,久了以后,实际与人相处时反而会更难适应。

像一些常常上网的孩子,要他上台或跟人沟通相处都觉得困难,但是他在网路上跟人家聊天谈话却很自在,因为他已经习惯把自己遮蔽起来,也许用假的名字,也许用一些不真实的网络文字,阻碍了他的人际沟通,以及实体世界与别人相处互动的方法。

所以,这样的感情交流虽然是趋势,但是并不值得鼓励,希望大家还是把感情放在现实生活中,不要只是跟电脑谈恋爱,网络世界毕竟是虚拟的世界。

情网的迷思

人是有情的众生,所以会有七情六欲。很多人认为,法师出家了是不是都没有感情?如果法师出家就没有感情,就不会有热忱去渡众生,因为菩萨是大有情,只是把他的心量扩大到更多的众生身上,去帮助众生得到觉悟。所以,法师不是没有感情,而是把他的感情升华、扩散。

像很多菩萨到道场当义工,亲戚朋友会认为,你怎么有那么多的时间,浪费在这个道场帮助别人?其实他不是浪费了,相对的他是获得,因为他让自己在心量上不断地增长、升华、学习、进步。

每个人都有自己感情的世界,如何不让自己掉进情网迷思,陷入剪不断、理还乱的情况?接下来就分析一般人在谈感情时会有什么样的问题?尤其在两性之间相处上常犯的一些毛病。

一、执著

人因为执著、太过自我中心,感情常常会出问题。为什么呢?因为彼此之间如果互相太过于执著,而没有互让、互尊、互重,感情是没有办法维持下去的。

正如星云大师在为新人证婚时,常常鼓励结婚的新人,夫妻之间应该像跳探戈这种舞步,其中一方的脚往前踩的时候,另一个人的脚就应该要往后退,在这样的旋律中产生出曼妙的舞姿。夫妻或是年轻男女的感情生活也是如此,如果大家都像黑羊跟白羊,在独木桥上互不相让,其中一只羊势必要掉到山谷底下去;离婚、失婚,或者家庭暴力,常常是因为我们的执著而产生。

二、坚持

很多人在情网上的困境,大都是因为太过坚持。

我们往往对一件事情很坚持，尤其年轻男女朋友在初恋时，常常坚持对方是自己终身的伴侣，一旦失恋便受不了打击，甚而产生一些激烈的作法，如自杀、伤害对方……这都是因为太过于坚持的缘故。

所以我很鼓励青年男女朋友，在还没有结婚之前，给自己多一点机会学习谈感情，并不是鼓励大家当劈腿族，或者同时脚踏好几条船，玩弄人家的感情就分手；而是很认真、很真诚地去谈每一段感情，也许一年两年，当分手之后可以从中学习到，上一段感情的问题出现在哪里，下一段感情自己应该改进些什么，最后找到结婚的对象，婚姻才能够维持长久。很多失婚或者很快就离婚的人，其实没有太多的感情经验，都是在很年轻的时候，就决定结婚，结婚才开始学习，有时三五年就离婚，甚至成为单亲家庭，对子女或对于自己的一生，其实都造成一些遗憾。

很多婚姻也因为婚前习惯的坚持而造成不和，如太太坚持牙膏要从后方挤，先生总是从牙膏中段挤，为过分的坚持已见而争执不休。

三、幻想

幻想就是不切实际。很多的年轻朋友经常爱幻想，往往认为自己可以从网络上找到情人，甚至幻想白雪公主、白马王子是什么样子。人的外表会不断地改变,感情应该慢慢交往,从外在到内涵,这个感情才会长久。如果因为女孩子长得美丽,或者男孩子长得俊帅跟他结婚,当对方有一天变老的时候,你是不是要遗弃他?所以,人与人真正重要的是能交心谈心,才是感情维持长久的方法。

曾经有一个大学生,在我去他们大学演讲感情观的时候,私下问我:“我想要交女朋友,因为班上很多男同学都有女朋友,有什么方法可以找到呢?”

我问他为什么想交女朋友?他说:“因为人家都有,所以我也觉得应该要有一个女朋友。”我跟他说,如果是因为这样,找个洋娃娃就可以了,因为这也是你的女朋友。如果不是真心要跟别人交往,或是真心想要在感情世界中学习,而只想交一个女朋友来炫耀,这样的感情是相当幼稚的。

四、多疑

多疑也是感情的障碍。人与人之间的感情要建立在彼此互相信任上,如果时时刻刻都要监督对方、怀疑对方,即使对方还没有受不了,自己大概已经得了疑心病。

有一对夫妻要离婚,问题就是出在太太担心先生会外遇。其实这个先生是标准的好丈夫,但是太太因为一直担心先生可能会外遇，所以想了几次以后终于决定，每天在先生下班前就赶到他公司门口等他下班。刚开始同事还觉得这个太太真体贴，还没有下班就来邀他一起吃晚餐，但是几次以后发现不对劲，因为他老婆天天一到固定时间就在门口，所有同事都用异样的眼光看他，害他几乎没办法在那个公司再上班了，只好跟太太沟通，但两人因此吵得不可开交，甚至闹到要离婚。所以人与人之间的感情相处，多疑是一个很可怕的障碍。

五、支配欲

每个人都是一个独立的个体，我们应该要彼此尊重，而不要因交往或婚姻关系就产生强烈的支配欲。

有个大学男生谈感情，女朋友跟他提出要分手，这个男生非常痛苦，甚至想用暴力报复。我问他，“到底你们彼此出了什么问题?”原来这个男生的家人都有早起的习惯，于是他也每天早上五点半就叫女朋友起床。但是，大学生能够准时八点上课就已经很不错了，还要叫她每天早上五点半准时起床，甚至连假日都不能睡晚一点，这样的相处真的很辛苦，甚至让对方产生很大的压力，这种支配欲也是感情的一种障碍。

如何谈感情

用两个心谈感情

我们要如何学习谈欢喜自在的感情呢？佛教里面说，人与人之间要互相尊重、互相包容，要用尊重包容和欢喜融和的心来谈感情。

结婚的两方来自两个不同的家庭，彼此之间的人际关系、夫妻之间的相处，再加上未来生下的孩子、孙子等等，怎么样能够互相融合在一起？最重要的就是尊重大家差异性的存在，尊重每一个人的发展，而不要想说“我是公公，我是大家长，可以掌握每一个人，希望他们通通都听我的话”；“我是婆婆，每一个人都吃我煮

的饭，每一件事情都要向我报告”。

这样的家庭是早期农村时代，比较专制的家庭，现在民主化的小家庭，大家都应该要有互相尊重、包容、欢喜、融和的性格来学习。

用慈悲智慧升华感情

最后，除了世俗情感，星云大师提倡要用慈悲净化感情，用智慧升华感情。用菩萨的心对待别人，就不容易犯我执自私的毛病。

如果能够常常以佛法的智慧，来对待世间的感情，乃至于是最爱的人离开世间，都会用慈悲与智慧的心来祝福他，因为他要投生到另一个更好的世界重新开始，就像衣服破了，要换新衣；房子旧了，要换新屋。以佛法的角度来说，确实是一件值得欣喜祝福的事。

宽心慧语

用尊重包容和欢喜融和的心来谈感情，用慈悲净化感情，用智慧升华感情，避免执著、坚持、幻想、多疑、支配欲等感情上的错误，无论亲子、手足、同侪、同事以及众生之情，都能圆融无碍。

第六堂　远离蓝色的忧郁

医生可能会得忧郁症,护士也可能会得忧郁症,老师、各行各业,每个人都有可能得忧郁症。忧郁症是什么?为什么会得忧郁症?我们又该如何预防与治疗?

正确认识忧郁症

人人有机会患上忧郁症

关于忧郁症的问题，我曾经请教过一位精神科医生："到底谁会得忧郁症?"这位医生很认真地回答我："医生可能会得忧郁症，护士也可能会得忧郁症，老师、各行各业的每个人都有可能得忧郁症。"意思是说，每个人都有机会得忧郁症，但是只要能清楚地了解忧郁症产生的原因及现象，并了解如何预防，那么不只能帮助自己，也能帮助我们周遭的人。

有个重要的观念希望大家先建立，忧郁症只是一种心理上的疾病，如果自己或家人朋友罹患了忧郁症不要把它当成可耻，觉得不好意思，或当成不得见人的疾病。

为什么呢？因为忧郁症、躁郁症、焦虑症、精神分裂等精神疾病，就如同胃会痛、喉咙会发炎、头痛一样，身体上有了疾病，我们都知道要就医，会向别人诉说我身体不舒服，孩子会跟父母说我哪里痛，爸爸妈妈就赶快带着孩子去看病。先生会跟太太讲“我感冒了，我要去看医生”，单身的人自己也都会想到去看医生。但是我们这个社会对于忧郁症等精神疾病，都用有色的眼光去看待，自己也不好意思向别人求助，如果家人或朋友有这样的情况，最好不要让外人知道。其实正确的观念应该是要去就医，就医分为药物治疗及心理辅导等方法。

根据医学统计，现在全世界已经超过六十五亿的人口，患上忧郁症的人口就有两亿人。这比例大约是三十分之一，等于三十个人当中就可能有一个人患上忧郁症，而女性患忧郁症的比例又比男性多上两倍，这个问题已成为现代文明社会大家关注的重要问题。

也许有些人认为，“我是一个很快乐的人！我不会得忧郁症啦，不需要了解忧郁症。”那么恭喜你，你现在的身体很健康、心灵也很快乐，但现在快乐，不代表你时时快乐。作为一个佛教徒，就像菩萨要去关怀社会，帮助社会上的每一个人，或许将来我们自己、亲朋好友及周遭的人，都有可能患忧郁症。所以，希望大家都能对这个主题有正确的观念及深切的了解，再加上佛法的运用，可以远离蓝色的忧郁。

如何辨识忧郁症

现在的青年朋友只要心情稍微不好，就会说我大概得了忧郁症，这是错误的，忧郁症有它判定的指标、向度和方法。

在这个有情的世间，人是有情众生，每个人都有情绪反应、都有感情的问题，只在于你能不能适度的掌

控。如果感情太过泛滥，或是情绪无法掌控，才会出问题。比如遇到老板骂你当然会心情起伏。或者做对了事情却被人误会，当然也会心情起伏；又或者为别人付出，别人却没有感谢你，没有给你相对的回应，你也会觉得郁闷、不舒服。但是你的心情不好会持续多久呢？是不是过几个小时、吃个饭、睡个觉，就比较好一点？但是，如果持续十天、两个礼拜，一直关注在造成心情郁闷的那个问题，甚至造成身体或生活上的影响，而且这些变化是连他自己也无法去控制，就要特别留意了。

所以，虽然每个人都有情绪变化，但是千万不要心情一不好，就怀疑自己得了忧郁症，否则可能还没得忧郁症，就已经得了多疑的毛病，或是另一种精神上的疾病“焦虑症”，焦虑症就是太过焦虑、太过担心、太害怕、太紧张所产生的问题。所以，正确的观念就是每个人都有情绪，而精神疾病则是我们的情绪生病了。

每个人都要学习情绪管理，但情绪管理不是要大家没有感情，变成冷漠无情，而是能够很清楚的表达情感、正面思考，做好适度的情绪管理。

如果自己一直陷入负面情绪，甚至常觉得没有希望、无力感，觉得事情就是这样改变不了，而且一直持续时间约两个礼拜，可能就要留意是不是有忧郁症的倾向？

忧郁症的成因

一、遗传因素

造成忧郁症的原因非常多，其中一项是遗传的因素，就是家族在基因上就有忧郁症或精神疾病方面的遗传。所以，要结婚生子的人必须有优生学的观念，如果家族有这些的病史，是不是要继续繁衍下一代？或是做好基因的筛检？在遗传上造成忧郁症的问题，目前是没有特别防治的方法。

二、压力

第二是压力方面造成的因素，很多人有工作的压力、经济的压力，乃至于有婚姻、家庭、人际关系的压力，因而产生忧郁症的倾向。那么，这种压力到底在什么情况下会造成忧郁症呢？

其实每个人的受挫力、耐压力的程度都不一样，有的人很强，有的人比较弱，所以我很鼓励父母们应该在孩子学习过程中有适度的挫折教育，不要让孩子永远都觉得他是全世界最优秀、最好的，因为有一天他可能会发现自己的不足，却没有办法面对社会给他的一些压力，或者人际关系所产生出来的压力。

忧郁症的情况，为什么以前没有像现在这么多?因为以前的人工作属性比较单纯，不像现在资讯爆炸时代的复杂，而且以前能吃苦耐劳的人比较多，遇到事情时很容易回想到小时候所吃的苦，牙根一咬就过了，可以重新调适自己"这都是老天爷给我的磨练"。现在的孩子，从小到大没有经过什么挫折，遇到压力的时候，就会想"为什么我那么倒楣?"无法调适压力就造成心理上的崩溃。

三、完美主义

完美主义也是容易患上忧郁症的成因之一。星云大师常说这个世间是一半一半，白天一半晚上一半，男人一半女人一半，好的一半不好的一半，甚至各种颜色都有。所以，如果每一件事情太过于要求完美，对自己的要求要零缺点，对别人的要求也很高，想要样样都能十全十美、登峰造极，在精神上及心理上无形中也会产生很大的压力。

四、钻牛角尖

钻牛角尖就是遇到事情很容易陷入自我想法的执著、打不开心结，不断自我的负面思考。要有好的情绪管理，要不断给自己正面思考的对话。有的人常常告诉自己："这不会有希望了"、"别人不会帮助我"、"没有人能了解我"，这样一直钻牛角尖，内心就会朝着忧郁症的倾向发展。

每个孩子都有与生俱来的性格，有的孩子从小就很固执、有钻牛角尖的性格，但是如果能够慢慢地鼓励他，慢慢地帮助他打开心结，将来他自己就有能力处理及适应所面对的痛苦，或是障碍、困难、压力等等。

五、内分泌不正常

当然，忧郁症的病因也可能来自于内分泌不正常，有些人没有压力，个性很随和，也没有遗传上的问题，但是为什么他突然精神变差了？甚至被判定为忧郁症？连亲朋好友都很难想象，这时有可能就是某种内分泌失调所引起的。

六、药物因素

有些药物在治疗中，可以治疗某些身体的疾病，但它的副作用可能导致忧郁的倾向，像治疗 C 型肝炎的干扰素，是针对肝脏病毒的治疗，但在疗程当中可能会有副作用，包括身体酸痛、食欲不正常，和忧郁症等。我曾经遇过一位病患，就是一边施打治疗 C 型肝炎的药物，同时吃抗忧郁症的药。

当我们接受治疗时心理要先有准备，不见得每个人都会产生相同的副作用，但是接受药物治疗时，最好常常走出去与人接触，接触快乐的事情，让药物的副作用减到最低。

七、神经传导物质

神经传导物质的影响也会造成脑内病变，也就是说身体里面的一些神经传导物质产生了病变，也可能会造成我们的神经或脑内的病变，而导致忧郁症、躁郁症、焦虑症，或是种种精神方面的疾病。

八、产后忧郁症

还有很多妇女在生产之后，可能会罹患产后忧郁症。产后忧郁症最大的原因，可能是期待过高，或是担心胎儿是否健康？即使孩子已经生下来也非常健康，但是十个月下来累积的期待跟压力，都可能导致产后忧郁症。

不过这种情况在以前也不多，因为以前很多妇女坐完月子，就要赶着去田里工作、去工厂上班，哪有时间得产后忧郁症？反而是现代都会型的妇女，比较容易有这样的情况，因为她不断地给自己生产上、怀孕上的压力。

九、季节性忧郁症

还有一种忧郁症称为季节性的忧郁症，有的人到了冬天阴雨绵绵的季节，心情就容易陷入比较不好的状况，但他不像忧郁症这么严重，而是心情变差、行为改变，整个脸色和各方面都会不一样，这就是属于季节性的忧郁症。最容易让人心情不好的时间，大概是在清晨、傍晚这种白天夜晚交替的时间，或者是灰蒙蒙不太亮也不太暗的时候，很容易产生内心情感上的变化。

从以上的探讨，大家可以发现造成忧郁症的原因非常多，就看我们自己如何避免这些问题。其实，外在的病比较容易治疗，也比较容易感受。内心的疾病比较难以表达，很多人也不愿意接受治疗，尤其在佛门里面，我们常常讲“贪、瞋、痴、慢、疑、邪见”种种的心病习气，更是造成我们烦恼的主要原因，毕竟外在的贼好抓，心内的贼反而比较不容易发觉。

如何判断是否患上忧郁症

关于这个问题，在医学上有相当多专业的方法，我仅提供一些常见的内容，但也希望大家仍尊重医学专业的判断，不致延误病情。我们如何判断一个人是否患忧郁症？他该不该接受治疗？应该怎么来帮助他，让他远离蓝色忧郁？最好还是要去就医，毕竟我们并不是专业的医生，所以如果遇到这样的人，应该带他去接受医生的诊治。

很多人不太敢面对自己得了忧郁症的事实，所以要让他接受医生的治疗也很不容易，因为他可能已经没有力气，也没有动力去看医生，他会觉得“我为什么要去看医生?”、“看医生有用吗?”

忧郁症的治疗过程中，药物治疗跟心理辅导两者都相当重要，虽然药物治疗会有一些副作用，但至少能够控制病情。对于药物治疗，我们要抱持一个正确的观念，就是药物只能降低并控制忧郁的情绪，不要让他精神上完全没有动力而产生严重的病态，但是药物治疗并没有办法真正打开造成忧郁的心结，只能在情绪上作一些控制，内心里面真正的纠结、真正的压力、真正的问题，必须要靠心理辅导，甚至宗教等方法的协助，让他解除压力、打开心结走出来。

那么，如何来判断一个人是不是有忧郁症的倾向？医界有句话说，当一个人拥有判断忧郁症倾向的能力，不只能帮助自己，也可能救别人一命，因为当你有这样的能力或有这样的常识，你可以看到自己可能产生的问题,也会努力地预防。同时,当你看到别人好像有点不对劲时,应该辅导他、鼓励他去就医,但是不要因为学习到这些常识或讯息,例如从表相、行为、语言动作,看到他稍微有一点这样的情况,其实才一天、两天就说"你可能有忧郁症,要赶快看医生",结果造成他心里更大的恐慌。本来他只是在心中调适一些委屈,一些不能释怀的问题,突然间你跟他讲他可能得了忧郁症,或许他还没有去看医生,就选择自我了断,或是产生内心更大的压力,所以希望大家了解判断忧郁症相关的常识后,最好还是鼓励当事人自己到医院做进一步的检查。

忧郁症所产生的现象包括从我们的认知、情绪、思想、语言、知觉、行为、动力、病识态,还有生理现象等所产生出来的病态,这些问题约持续两周才能说可能是罹患忧郁症,如果不到两个礼拜,也许只有一天两天,千万不要随便下定论说这个人有忧郁症。相对的,我们也要注意到,如果一直陷在心情不好的情境中,而且时间拉得很长,就要留意到自己是不是得了忧郁症。

一、认知、思想方面

在认知上,忧郁症患者最明显的特征,就是走路及各方面的行动、反应都变慢了,跟他说一句话,他可能想了三分钟才回答你，而且还不见得说得很完整。而且他的思考也变慢了，在思想一件事情时，犹豫不决的时间会拉得更长、反应变得更慢。

忧郁症的患者会越来越不关心外在的世界，相对的会越来越关心自己的问题。比如说，电视新闻报道发生了天灾人祸，一个得了忧郁症的人看着电视，他一点都不关心、也不太会难过。你问他："这件事情会不会让你感到悲伤？"他一定跟你讲："不会。"如果会悲伤，是因为他心里打不开的那个结："为什么主管要这样对待我？为什么我的股票全部被套牢？"他还是针对原来的问题一直在想，而不关心这个世界所发生的事。

他关注自己会到什么程度呢？可能你赞美他十句话，他都不在意，却只听到他心中的心结相关的事情。

忧郁症患者在认知上还有一个明显的特征，就是对未来感到无望感和无助感，认为没有人能帮助自己，对未来也没什么期待。

一般人并不会这样，一旦遇到事情都会想谁能帮助我？我可以找谁谈谈？或者转换想法等。认为只要熬过去，这个困难对我可能是训练或是考验，我可以在其中学到经验及让自己成长，这就是动力，对未来还是充满着希望。但是忧郁症的患者，连这个动力都没有，无助感跟无望感非常的强烈。

患忧郁症的人在思想上还会不断自责，有罪恶感和挫折感，在心里不断地怪罪自己。一般人通常不会怪罪自己，都习惯怪罪别人，所以如果听到朋友亲戚或是自己不断地自责，“我就是这么糟糕，没有人欣赏我”，反而应该去了解、倾听他的情绪，甚至让他抒发情绪。

二、表情、语言方面

每个人因为情绪变化，五官及颜面肌肉都会有很多表情产生，有时笑得很开心、有时哭得很悲伤、有时生气愤怒，这些都是正常的。精神科医生说，如果一个人都没有情绪，才真的要去看医生，因为完全没有情绪，是另一种的病态，所以当一个人表情完全变弱了，没有太多的表情，或面无表情，也是忧郁症的特征。

此外，大部分的忧郁症患者都不容易哭，因为已经没有动力哭了。哭是喜怒哀乐中一种感情抒发，所以会哭是一件好事，但是忧郁症或精神疾病的患者，常常是因为感情不能抒发、痛苦得不到释放而没有动力哭。

我曾经遇过一位辅导老师，他常常辅导忧郁症和躁郁症的患者，以及处理自杀的问题。他告诉我说，他一个礼拜所承受、所听到负面的问题相当多，所以每个礼拜都必须找部感人的影片来看，让自己能藉由影片的情境感动落泪，把累积一个礼拜的负面讯息得到释放。

罹患忧郁症的人在表情上也常常没有笑容，佛门里面说："该笑的时候不会笑，该哭的时候不会哭，该悲伤的时候不会悲伤，该欢喜的时候不能欢喜，就是非人。"所以当心灵生病时，脸上会缺乏笑容，对高兴的事情也没有任何的反应。

有些人会问说："是不是因为太焦虑，还是得了忧郁症，所以我的记忆力变差了？"虽然忧郁症会使人在认知、情绪、语言方面，速度会变慢甚至中断，但这是因为注意力不集中、涣散，导致记忆效果不好，忧郁症本身并不会直接让记忆力变差。

三、行为、知觉方面

忧郁症状况的判断，必须要持续两个礼拜以上，如果只是很短的时间，可能是因为工作的压力或是心情的焦虑，担心自己做不好，有时反而是让自己产生动力。但是如果因为情绪生病导致影响工作、影响生活，大概就可能患忧郁症了。

忧郁症患者在知觉上最明显的，就是食之无味、视而不见、听而不闻，就是说可能吃不下饭，如果吃了东西，问他好不好吃时也没什么感觉，在佛法唯识中有提到就是没有作意在这个事情上面。比如一家人彼此聊天很开心，他也坐在旁边，但是等一下你问他："刚才那件事情你赞不赞成?”他会忽然反应不过来,然后慢慢地回应你:“你刚才说了什么?”

忧郁症的患者,因为一直在想着那个打不开的心结,所以不容易集中注意力专心工作,进而影响工作,影响人际关系,也影响家庭生活。以上所说各方面都是忧郁症判断的特征,但还是以症状持续约两个星期为重要的指标,且务必向精神科或身心科的专业医生咨询。

远离忧郁症的方法

学佛的人如果把自己的修行逼得压力太大,每天都想“我要开悟,我怎么不开悟呢?”可能也会得到忧郁

症、幻想症或精神分裂症，所以有些人说修到走火入魔，不是佛法有问题，而是修行的观念及认知有问题。观念会改变我们的行为，希望大家要先建立正确的观念、正确的知见，让我们做出正确的行为。以下用佛法的观点，提出几项让我们远离忧郁的方法。

一、肯定自己

第一是要肯定自己。有些家庭主妇到了五十岁左右，孩子长大了也没有叛逆的问题，先生事业有成也没有外遇的困扰，一切都很顺利时，却突然得了忧郁症。经济、感情、孩子都没有给她压力，为什么她会得忧郁症呢？

原来在忙着照顾先生小孩时都没空闲烦恼，当她进入空巢期，孩子都离家就学或成家立业以后，忽然觉得如果年轻时没有被婚姻及家庭绑住应该会更好，“我怎么就这样忙了一生？如果嫁给先生时也去找份工作，现在应该是女强人、女企业家……”，因为无法肯定自己，她反而得了忧郁症。

所以肯定自己很重要，我们不要拿自己跟别人比较，人比人会气死人。如果拿经济跟别人比较，比我们有钱的人更多，但是你跟比较贫穷的人比，又觉得自己赚了太多的钱。所以比较、计较都是不肯定自己的负面想法，所谓天生我材必有用，我们应该常常肯定自己。肯定自己并不是要我们贡高我慢，而是肯定自己所做的一切，肯定自己现实的环境等。

有一次我搭出租车时，司机跟我抱怨他的钱赚得不多，太太孩子都嫌弃他的职业。我跟他说："你今天能从这个地方把客人载到目的地、就像菩萨把众生从此岸渡到彼岸，你功德无量，尤其下雨天大家拦不到出租车，这时候你们真是很重要！"出租车司机一听，心情就豁然开朗。

所以，肯定自己是远离忧郁的方法，因为肯定你自己，才能乐观开朗，如果不断地否定自己，"我怎么这么差劲，我什么事都做不好"，这样无形中就给自己很大的压力。

二、正面思考

第二是学习正面思考，当遇到任何事情的时候要尽量往好处想，往正向思考。

如天气变化时能正面思考自己做调整，热的时候少穿一些衣服，冷的时候多加一些保暖衣物，就可以过得健康快乐。但是如果只是不断的抱怨，为什么今天有寒流？为什么天气变化这么大？只会增加精神上的痛苦，不会因为抱怨或负面思考而改变天气。所以遇到顺境逆境，都要往好的方面去想。

又如同很多身体残疾的生命勇士，有的人少了双手或是少了一条腿、有的人失明、或是失聪。但他们常能活出自己成功的人生，是因为正面思考，有人常说："虽然老天爷少了一双手给我，但至少我还有双脚。"口足画家们因此活得自在快乐。

三、善观因缘

第三是善观因缘。所有事情发生都有一定的来龙去脉、因缘果报，不要只是钻牛角尖，要学习善观因缘。所以佛教讲忍辱，忍辱不是把它硬忍下来，而是让自己能明白化解。如上下班交通塞车，这是很多城市共同有的现象，因为上下班是高峰时间的因缘，我们塞在车阵中却能安然自在。

四、常怀感动

要常常有感动感恩的心念。想想天地万物成就一切大自然的美好，想想家人朋友对我们的恩惠，想想自己能健康快乐的活着，想想众缘和合的成就。星云大师说"感动是最美的世界"，常怀感动感恩的人也比较不容易陷入忧郁的情绪。

五、乐于分享

常常乐于跟别人分享，即使是烦恼也找人一吐为快，不要一直压抑在心里。跟别人说，或是找几个知心好友，就如佛教中的善知识，不管是喜怒哀乐的情绪，都跟他们分享你的感受，这也是压力释放的方法之一。

六、欢喜助人

能够常常乐于助人，发心当义工，忧郁的情绪比较不会接近你。因为当义工可以肯定自己的价值，“原来我还可以帮忙洗碗！”、“原来我还可以协助拖地！”从这些助人的事情中，我们能够让自己活得很肯定、很正面，也会远离蓝色的忧郁。一个人若不喜欢出门、常常把自己困顿在生活的象牙塔里，就比较容易陷入忧郁的问题。

七、参与活动

最后一项就是走出去，参与活动。常常参与各项的活动，在活动中学习佛法智慧，在活动当中有一些感动与感恩；看到有一万多人参加那个活动，真是感动，就不会把念头放在烦恼心结上，或是不肯定自己的负面思考中。

探讨了关于忧郁症产生的原因，判断忧郁症的项目，远离忧郁的方法，就是希望每个人都能帮助自己，也帮助别人，期许大家都有一个欢喜自在的人生！

宽心慧语

忧郁症跟感冒一样，也是一种疾病，生了病就应该看医生，再加上肯定自己、正面思考、善观因缘、感恩助人，就能让自己远离蓝色的忧郁。

第七堂　如何防止自杀

自杀的方法中，
没有一项是舒服快乐的，
也没有一项是简单的。
自杀不能解决问题，
反而留下更多的问题。

根据统计台湾在二〇〇五年已经超过四千人自杀，自杀已列入十大死亡原因之一了。男性自杀的比例又高出女性两倍，等于在自杀的人口中，男性占了三分之二，女性占了三分之一。还有一个数据显示，女性想自杀的比例比男性高很多，意思是说在台湾真正自杀成功的个案男性多于女性，但是有自杀意愿、心里想着“我很痛苦，我要自杀”的人，其实是女性高于男性。

有一个很重要的关键就是，女性求助于心理辅导、宗教信仰、朋友协助的比例，比男性高出很多，也就是说女性心里曾经动过“我已经走投无路，我要选择自杀”的念头的人很多，但是当她去告诉别人、求助于别人的时候，也许就渡过了这个难关。相对的很多男性因为不好意思或不愿意求助他人，所以造成自杀成功的比例就比女性高出很多。

从这些数据可以发现，我们现在的社会一直弥漫着自杀的风气，早些年自杀是非常稀罕而且是见不得人的事，但是现在新闻报道中，跳楼、投河，父母带着小孩一起开车冲落山谷，开瓦斯、烧木炭等的自杀报道层出不穷，或许有些人觉得这已经是司空见惯，没什么大不了。但是，我们还是必须要关切这个问题，因为自杀也有可能发生在我们的身上，或亲人、朋友当中，要如何远离自杀，一定要先正确的认识自杀的相关问题。

为什么要自杀？

一个人为什么会想自杀呢？因为他感到很痛苦，生活中本来就会有喜怒哀乐的情绪，会面临到如意、快乐的事情，也会面临佛教所说的八苦，如求不得苦、怨憎会苦、爱别离苦、五蕴炽盛苦、身体的生老病死苦等等。

一般人遇到痛苦时，会努力想办法逃过痛苦或面对痛苦，然后从痛苦逆境中学习成长，毕竟我们从离开母体开始，就已经不断地学习如何独立、学习去排除各

种的困难。当我们呱呱落地时要呼吸到第一口气，就必须用很大的力量、很大的意志力，才能呼吸、睁开眼睛。很多的峭壁或岩缝中，能长出植物，就是因为它们的生命力也非常旺盛。

所以，我们都有解决痛苦的能力，但是当一个人面对痛苦，处理痛苦的能力减弱，或是没有办法平衡的时候，就会产生情绪上的负面反应、精神疾病等问题，进而可能产生自杀的念头。

精神医学认为，会自杀的人主要是遇到了痛苦，就一直停留在那个痛苦的想法和感觉中，甚至钻牛角尖跳脱不出来，不像一般人会试着告诉自己应该如何面对它、处理它，或用不同的方法越过它。当一个人想要自杀时，他的语言、行为、表情、态度等都会产生一些警讯，作为朋友、亲人、助人者，我们要学习去关心注意到这些现象。

我们要怎么帮助他人呢？很多人都很自然的说，

要他不要想太多。但是如果他自己不会想太多,那就表示他自己有能力处理痛苦,他就不会想要自杀了。所以我们应该学习一些正确的方法,再加上正确的知见。正确的观念和思考会改变一个人的行为,所以正确的价值观与人生观都相当的重要。

很多人常常会随口去诅咒自己或诅咒别人:"你去死好了!"或是"我死了就一了百了",佛教认为这样的言行是非常不恰当的,因为身、口、意三业都会相互影响,从眼、耳、鼻、舌、身、意六识,到第七识末那识、第八识阿赖耶识,都会影响我们的念头及想法;所以一个人如果常常讲"我要去自杀",有一天遇到困难的时候,就会不断涌现这样的想法,告诉自己"我可以用这样的方法"。

相反的,如果因为看了这篇文章的内容,知道自杀不是解决问题之道,也是不好的、痛苦的,那么即使有一天我们遇到了困境、挫折,当这个念头浮现的时候,我们会拒绝它,也不愿意去实行。就像我们知道被车撞是一件很痛的事,所以当我们走在马路上看到车子冲过来,一定会赶快闪开。因为我们的八识田中有个观念,就是我们看过或父母、老师教过,被大卡车、轿车或被重物击撞,身体所受到的创伤和痛苦是很大的,所以我们就会闪避。同样的,如果知道自杀是件痛苦的、不正确的事时,我们也会像躲避车子碰撞,再寻求别的方法来解决我们的痛苦、处理我们的痛苦,而不会动不动就想自杀。

现在常有媒体报道,吃安眠药、跳楼、烧炭,开车冲落山谷……种种的自杀事件,反而让很多人觉得自杀好像很容易也很轻松,或是认为死亡可以解决一切事情,因为太容易接触到这方面的讯息,一旦遇到困境就容易朝这个方向去想。

自杀是需要很大的勇气跟力量,既然有这么大的勇气、这么大的力量,应该也有勇气跟力量试着从不同的角度来解决问题。星云大师曾经讲过,如果一个人负债可以去打个小工、去赚个零头,也许也可以慢慢地去还债,至少三餐糊口没问题。但是现在的人都不愿意屈就于这样的工作,想一步登天、一次把房屋贷款、汽车贷款全部还完,当然相对的压力就非常大。

感情的问题也是一样的,遇到感情失败、失恋了,或婚姻遇到困境的时候,是不是也能换个角度想?大师常讲:"天上的星星何其多?地上的人儿更是比星星还要多。"就是说失去了这一个对象,还有很多机会或是对象可以选择。

曾经有个想要自杀的人到道场来,我刚好在道场上青年会的课，上到一半突然发现后面有人走进来，因为一般同学很少迟到一节课才进来，所以我也注意到这个人。下课时我主动去关心她："是不是第一次来？是不是有意愿加入我们的课程？"她跟我说："我是第一次来到这个道场，也是最后一次来。"

一个人要自杀会释放出一些言行上的警讯，各位听得懂吗？她说她第一次来，也是最后一次来，我就很慎重地请她到客厅，问她："为什么你今天第一次来，下一次就不再来呢？"

她说："因为我遇到了很大的感情挫折，我被抛弃了。"原来她的男朋友当了劈腿族，又背着她交了一个女朋友，她心里非常难过。她告诉我说，她今天主要是来拜佛，告诉佛菩萨她明天就要自杀，自杀之前还想先杀了她的男朋友和那个女孩子。

我问她："你想过为什么要自杀吗？"她说："因为我被抛弃，我很难过。"我说："你认为这样的男孩子，是好还是不好呢？"她说："这个人非常不好，他脚踏两条船又骗了我的钱。"接着她一直讲她男朋友种种不好的地方。

我告诉她说："既然这个人这么不好，为什么你不换个角度想，不是他抛弃你，而是你抛弃他？既然他要离开，既然他交往了另外一个人，你正好趁这个机会抛弃他。”她听了以后就想：“我怎么从来没有这样的想法？”我告诉她，从现在起要一直告诉自己：“是我抛弃他！”当然，她一直陷入在低迷的思绪中，念头很容易再转回来：“其实是我被抛弃！”所以我告诉她说：“现在开始你要不断地自我对话，告诉自己说：‘是我抛弃他。’”

这种时候也许有人会告诉她：“你要念观世音菩萨，你可以持念六字大明咒。”而我却告诉她只要念一句话“是我抛弃他！”，这句话就是她的救命真言，结果她真的照着我的话去做了。隔一个礼拜青年会上课，看到她来，我非常的欣慰，因为那表示她并没有去报复她男朋友跟另外一个女生，也没有选择伤害自己，造成悲剧的结果。

自杀的种类

一、内向型自杀

自杀的类型有很多种，一般人都认为，是不是得了忧郁症、焦虑症或是精神官能症才会选择自杀？其实那只是一部分原因，在精神医学中自杀心理学的分析当中，自杀分成六种类型：

第一种类型是内向型。个性太过于内向，也没有任何的精神疾病，但是因为从小就个性内向，不擅于跟别人交际，也不擅于跟别人说话。所以当他有任何事情，没有办法抒发的时候，就会想到："我好孤单，太寂寞，倒不如自杀算了。"

二、资优型自杀

第二种类型是我们很容易见得到的资优型。这种类型在学生、青年时期发生的比例比较高，因为从小在家乡成绩都非常的优异，在小学、初中都考第一名，等到去了都市就读第一志愿的一中或是女中时，有的学生才考了第三名或第五名，心里就非常的难过，认为自己从小到大都考第一名，为什么到了高中却没有办法？这种资优的心态和自己的信心被打击时，也可能会选择自杀，因此这个情况在学校发生的比例就会比较高。

所以孩子在教育过程中，除了给予自信心的教育外，还应该要学习挫折教育。挫折教育并不是要故意给他挫折，而是当他遇到困难挫折或不如意的时候，要让他知道，这是很正常的现象，每个人都会遇到的。就像学骑脚踏车的时候，不可能一骑上去就学会了，大部分人至少摔过好几回，才学会骑稳脚踏车。

这个过程要让孩子知道，这是正常的，但是如果常骂他："你怎么这么笨，学了三次都还学不会？"这样他从小就会有一个观念，就是学什么应该一次就要学会，那么他的压力就会很大，这就是属于资优型压力下造成的自杀。

三、行动型自杀

还有一种是属于行动型的自杀。这种人通常个性比较冲动、脾气比较暴躁，只要一被激怒或生气的时候，就容易造成自杀。

媒体曾经报导，有个妈妈跟女儿口角，这女儿正值十七八岁的青春年华，从小就脾气不好，也常常跟妈妈口角，结果那次妈妈一巴掌打在女儿脸上，女儿非常的羞怒，觉得妈妈从小都没有打过我，所以就突然从她家的大楼阳台跳楼自杀了。这就是个性非常冲动的人，才容易有的行动型自杀。

四、肢体型自杀

什么叫肢体型的自杀？就是一个人在成长的过程，因为他的外在或是身体产生了一些问题，比如到了某个年纪开始发福变胖，大家都嘲笑他，或是他曾经车祸受伤，造成肢体残障，因为一直在意别人的眼光，最后就可能选择自杀，以为这样别人就不会再用异样的眼光看我、嘲笑我，这种叫做肢体型的自杀。

社会上残而不废的人很多，最重要的是他们对自己有信心，例如很多口足画家、脑性麻痹者都能够在艺术界有所成就，这就看他们自己是否接受现实，肯定自我。

五、精神障碍型自杀

第五种是属于精神障碍型，这就是一般人最容易理解的，选择自杀的人大概是因为忧郁症、恐慌症、焦虑症、精神官能症等等原因所导致，因为没有办法解决问题，病情也没有得到好的控制，最后就选择了自杀。

六、问题行为型自杀

最后一种称为问题行为型的自杀。这种情况就是因行为偏差，比如说酗酒、吸毒，造成自己可能恍惚无神，然后产生了幻想幻觉，最后选择自杀。

自杀有这么多的种类，所以当我们了解各种类型的自杀，就更要注意到自己有什么样的性格？什么样的脾气？应该如何来预防？

自杀的警讯

一、情绪警讯

一个人要自杀前都会有意无意的释出一些警讯，从哪些方面释放警讯呢？第一是从情绪方面，除了冲动行为型自杀外，通常自杀前的情绪警讯，是想自杀者会感到无助、没有希望，甚至是很无奈、没有表情的，当然有的人也可能会很愤怒，或是很激动。所以一个人的情绪突然间变得非常的不稳定、不正常，那我们就要关心注意了。

二、行为警讯

因为要录自杀专题的节目，我常常要读这方面的精神医学与心理学专业的书籍，很多师兄弟就关心我："你最近怎么老是在看忧郁症、自杀的书?"我就笑一笑跟他们说："因为要跟大家谈这方面的专题，所以我必须要多看这些书。"

这是很正确的，当我们看到旁边的人在看这类书籍，主动的关心也许就救了他一命。或者当有人问你："哪里有卖农药？哪里可以拿到比较多安眠药?"这些都是自杀前重要的警讯，拿那么多安眠药做什么？又不是务农的人，要农药做什么？

还有如果有人把很心爱的物品，比如说钻戒、长年收集的宝贝，都积极分送给别人，还告诉人家："你们尽量来拿。"除非有异常状况，不然为什么无缘无故把心爱的钻戒、好的宝贝都给别人？所以这也是值得关切的行为的警讯。

还有就是突然收拾东西，除了搬家，一般人怎么会突然开始打包，还打包得很整齐？甚至告诉家人，“没有什么值得留恋”，“留这些东西也没有意义”，这也是言行上很重要的警讯。

三、语言警讯

语言上的警讯其实更容易感受得到，因为一般要自杀的人会从语言释出警讯，比如说有的人要自杀前可能会告诉朋友说：“如果我死了，大家会更快乐一些，不会带给你们那么多的困扰。”有时我们可能不经意听听，然后说：“乱说，不要想这么多！”而没有再继续关心：“你怎么会有这个想法呢？”

曾经有个女大学生要自杀的当天，学校放学后要搭公车，同学们看到公车来都很高兴说：“公车来了！”这个要自杀的女孩子竟然跟同学说：“我的灵车来了。”这些同学知道她平常个性就非常忧郁，也毫不在意跟她说：“唉呀，不要乱说！”然后上车去了，下车以后就各自回家，而这个女孩竟在晚上选择了自杀。

如果当时同学们能够稍微多关心，甚至打个电话给她的父母，或者某一人先陪她回家，跟她吃个晚餐聊聊天，也许那个晚上她就不会自杀。当然那个晚上她没有自杀，不代表她之后不会再自杀，但是至少避免了一次自杀机会，就能够尽量避免以后的自杀。而她今天都自杀了，同学隔天再来后悔："唉呀！昨天听到那句话，我怎么没有多关心她一下？"也于事无补了。

有人问朋友："如果我割腕，流血要流多久才会死？"这样的话一般人会问吗？朋友之间聊天会说这样的话吗？这样的话其实代表着一些语言上的警讯，所以当听到这些警讯，甚至想要自杀的朋友或是亲人来跟你表白的时候，我们应该如何协助他们呢？

如何协助想自杀者

一、不要急着做什么

第一就是不要急着做什么。"我动过一个念头，我想要自杀。"有时候一听到对方这样说，我们就表现出很着急、很紧张，甚至马上就要帮他处理："你等一下，我打电话给生命线，打电话给你的父母。"这样他可能在心理上会退缩："我才想要跟你说一些心事，你就马上要昭告天下。"于是对方就不想跟你谈心事了。所以不要急着做什么，最好的协助就是先听他说话。

二、由对方主导谈话

第二是由对方主导谈话。我们提到要学习倾听，也就是由对方主导谈话，意思是对方说什么，我们尽量只是回应“我了解，我知道”，或者让他多说一点话，不要让对方觉得，他想要宣泄心里的话，却好像只是一直被你逼问：“你为什么想要自杀？什么时候开始有这个念头？”没有办法让他真正把心里的痛苦表达出来。所以，我们应该是站在比较被动、倾听的角色，由对方主导说话。

三、具备同理心

心理辅导上也有一些很重要的技巧，就是要善用同理心。同理心是要学习站在对方的角度去看待事情，用对方的思考去想事情，意思是说要换个立场、换个角色。

比如有人跟你说“我先生有外遇”，你要马上换个角度想，如果你是个女性已婚者，当先生外遇的时候，你会不会比她更激动、手段更凶狠呢？如果没有同理心，当对方跟你说：“我先生有外遇，我想自杀。”我们可能会很轻松地说，“外遇现在好多，去大陆的台商包二奶的也很多。”让她觉得你一点都不能感受到她的痛苦。

所以，运用同理心好像说得很容易，其实它必须经过一些训练与培养才能做得圆满。

四、宣泄情绪

第四是让对方宣泄情绪,一个人如果能够把内心的痛处说出来,就比较能够远离自杀。相反的如果一直在烦恼上钻牛角尖,就比较容易走向绝路。

所以宣泄情绪最好的方法,就是不要一直对他说:"你不要想这么多,过去的就让它过去。"如果他不会想这么多,自己有力量、有方法,就不需要来找我们。所以让他宣泄情绪,就是只要先倾听、尽量让他说,即使他的观念不太正确,也要让他先说完,不要马上回应他说:"是你自己先做错的,是你没有先爱你先生,难怪你先生有外遇。"那么,她也会退缩起来,不愿意再向你宣泄她的情绪。

所以宣泄情绪这一点,先不要给对方太多要求,就是尽量让他说。

五、重新估定价值

第五是要重新估定价值。就是同样一件事情,当他说完以后,我们可以再反问他:"一定是这样吗?要不要换一个角度想?"就像被抛弃的人,还是可以换个角度思考,想成是你主动抛弃他,这就是要转变认知,重新评估价值。

有句话说"一池落花两样情",同样的落花,在诗

人、艺术家看到，会觉得很美，但是有一些人看到就觉得，这么漂亮的花怎么会掉下来，是不是我会遇到倒霉的事？

同样的雪花纷纷，有的人感觉到很冷，尤其是没有房子住的人，觉得冰雪就像箭一样刺到我们的身体，但是在温暖房间里的诗人，就引发了兴致、喝着小酒，吟诗作乐："白雪纷纷，美景现前！"

六、寻找资源

第六个就是寻找资源。

什么是寻找资源？我们有很多的内在资源和外在资源，一个人从小到大，不可能都没有人帮助过你，也不可能没有感动的事情，所以只要努力去想谁是他生命中最重要的人物，帮助过他、感动过他的，这就是内在资源。比如一个小女孩可能被爸爸施暴，或被叔叔性侵害，被妈妈所讨厌，被哥哥欺负，但是她会常常去学校找护士小姐，或是旁边杂货店的老伯。她可能在讲话的过程中会讲到什么重要的人，那个就是她内在的资源，我们要帮助她找到她过去生命闪亮的点，因为她现在看到的都是黑暗面，我们怎么样让她找到她生命的亮点？就是尽量让她说，如果你听到她说曾经喜欢跟谁谈话，谁很照顾她，这些内在资源我们都要努力把它找回来。

还有一种叫外在资源，就是他跟你说："我现在很困难，连一餐饭都没得吃，所以我想自杀。"这个时候给他一餐饭吃，或是给他一些经济上的帮助，也许他就越过想要自杀的念头，这就是外在资源。

所以，要帮助对方回顾过去美好的记忆，还要尽力找出过去正面的一些支持者、信赖者，最重要就是要以同理心让他把情绪宣泄出来，不要太多的教诲，还有不要太多的刺激，说"你才没有那个勇气去自杀"，这样的激将法反而可能会有反效果，造成他鼓起勇气自杀。

七、尽量做好自己

第七是要尽量做好自己，意思就是要掌控好自己的情绪。有时候我们会发现，作为助人者或支持者、辅导者，在对方宣泄愤怒、或是沉默不语、乃至大哭的时候，很多人都没有办法先稳住自己，而是情绪跟着对方一起波动，他哭的时候我们哭得比他更伤心。

例如有些人去救灾，看到受难家属哭得很伤心，本来应该是要去让他们宣泄情绪，反而去帮忙的人抱着家属一起痛哭，甚至哭得更伤心，最后还是受灾户来安慰义工："不要哭得那么伤心，我们会好好地活下去。"到底是谁在协助谁？

另外，当我们遇到一个人在宣泄情绪，宣泄得很激动、很愤怒时，可能有一些肢体动作语言，千万不要随之波动："你那么生气做什么？你对我拍桌子有用吗？"还是要继续保持平静，做好支持者的角色。甚至他讲的一些话是在宣泄过去所发生的事，不是针对你，但是我们听了也会产生愤怒、悲伤，或是"我怎么没有办法帮助你？"的无奈情绪，这样去协助对方的效果就不大了。

八、选择适当环境

第八个就是要重视环境气氛。如果有人来跟你谈心事，即使本来是约在公开场所碰面，最好先把他带到比较安静、没那么多人的场合，因为一般人都不愿意把心事让不相干的人听到。所以如果遇到这样的情况，比如一位同事跟你讲："我有些心事想跟你谈。"不要跟他讲："那在办公室谈就好啦，反正大家都很熟。"因为他愿意找你，就是希望暂时不想让其他人知道，所以应该带他到会议室、咖啡厅、公园的树下等比较安静的地方聊，让他能够真正地思索，把心事与情绪适当地宣泄。

如何预防自杀

一、正确认识自杀

最后，我们要如何远离自杀？

首先要重视的就是观念，如果你的认知正确，就像我们知道被车子撞是一件痛苦的事情，看到车子来就会赶快闪，这就是我们学习到的正确观念和认知。所以佛教里面常常提到，自杀是不正确的，为什么不正确呢？例如很多人说这一辈子自杀，下辈子也会自杀，七辈子都会自杀；其实这是就唯识学的理论来说的。

举个例子，当一个人遇到困难的时候，他没有办法解决，就用自杀的方法来解决，下一辈子他遇到相同的困难或相同性的问题，他可能也会自杀。就如同一个小朋友跟爸爸妈妈去逛街，看到一个玩具他很喜欢，就跟爸妈说："我要买玩具。"爸妈回答："不行，家里的玩具已经很多了，不可以再买。”这时候小孩子就蹲下来不走了，爸妈还是说：“不能买。”他不只蹲在那里还开始哭闹，整个百货公司的客人都在旁边看，爸爸妈妈因为觉得不好意思，就说：“好啦好啦，这次买，下次不可以了。”但是这个孩子已经学会，下次连蹲下来不要走这个方法都不用，直接就跳到用哭闹的，让爸妈当场觉得很难堪，他就有办法得到玩具。

所以我一直提醒大家，不要随随便便去想“自杀算了，我死一死好了”，常常思考这方面的问题，就很容易朝这个念头去增长，甚至认为这是一个很好的方法。

自杀的方法中没有一项是舒服快乐的，也没有一项是简单的。很多人认为吞一瓶安眠药大概很快就睡着，因为一颗安眠药容易睡着，一瓶应该更快。那真是大错特错，在还没有死亡前就会胃绞痛、口吐白沫、全身抽搐，整个过程都非常痛苦。

尤其很多上吊自杀未遂的人都说，一吊就呼吸困难、颈椎撕裂，所以踢掉椅子的当下很多人就后悔了。但当他后悔的时候，椅子已经勾不回来了。

二、建立正确人生观与价值观

要减少自杀的问题，就是要建立正确的人生观跟价值观。在佛教中常常说，要自我肯定、天生我材必有用，如果你常活在比较、计较当中，当然就会产生很多的痛苦与烦恼。

天无绝人之路，许多人都遇过很多的困难，但是只要吃得了苦、忍得下来，就能柳暗花明又一村。例如很多演员在当上正式演员之前，可能每天只吃泡面，甚至一餐只吃一个面包……后来也成为大明星。

上天有好生之德，蝼蚁尚且偷生。所以我们也要感受生命的宝贵跟价值，有更大的力量去面对人生的困境。

三、找善知识谈话

要多找善知识谈话。如果心里有什么烦恼困惑，自己没有办法突破，就要找善知识，但不是每个人都适合都可以谈心事，因为很多人不见得能给你好方法。善知识就是能够真正倾听、让你宣泄情绪，再给你一些助力、一些方法的人，当然也可以寻求宗教的方式。

记得一定要向人求救、向人求助，这没有什么好丢脸的，要放下你的面子，不然生命都要结束没有了，还会有面子的问题吗？而且你用自杀的方法，跳楼自杀死得很难看，吞大量安眠药让你口吐白沫，上吊自杀整个人也很痛苦，焚身、烧炭造成呼吸困难甚至全身焦黑，那时候会更有面子吗？当别人看到你这么难看的身体，你就更没有面子了，所以向人求助没有什么好丢脸的。

四、正面思考

向人诉说心事是一个方法，但如果能在平常培养自己正面思考，凡事都往好的方面想。在佛教有句话说“逆境来时顺境因”，就是说能够把逆境当成学习成长、自我挑战的机会。现在很多青年遇到逆境，就想“你们都对我不好，我怎么那么倒霉?”如果他能够想，这是让我磨练的机会，培养受挫力的机会，将来在社会上就能够更有力量去面对种种挫折跟困顿。

宽心慧语

星云大师说：“如果你有勇气和力量自杀，就应该鼓起那份勇气和力量面对困难，试着从不同的角度来解决问题。”

图书在版编目(CIP)数据

自在:人生必修七堂课/慧宽法师著.—上海:
上海人民出版社,2010
ISBN 978-7-208-09658-5

Ⅰ.①自… Ⅱ.①慧… Ⅲ.①佛教-人生哲学-通俗
读物 Ⅳ.①B948-49

中国版本图书馆 CIP 数据核字(2010)第 220867 号

责任编辑 赵 伟 朱慧君

封面装帧 孙豫苏

本套书由上海大觉文化传播有限公司独家授权出版中文简体字版

自在

——人生必修七堂课

慧宽法师 著

出　版 上海人民出版社
(200001 上海福建中路 193 号)
发　行 上海人民出版社发行中心
印　刷 江苏启东人民印刷有限公司
开　本 890×1240 1/32
印　张 5.5
插　页 4
字　数 82,000
版　次 2011 年 1 月第 1 版
印　次 2019 年 6 月第 7 次印刷
ISBN 978-7-208-09658-5/B·849
定　价 22.00 元

艺术人文编辑室已出版图书：

“巴金著作纪念本文丛”

巴金《灭亡》

巴金《海行杂记》

萧珊《萧珊文存》

“星云大师人生修炼丛书系列”

星云大师《星云大师谈处世》

星云大师《星云大师谈智慧》

星云大师《星云大师谈幸福》

星云大师《星云大师谈读书》

星云大师《禅师的米粒》

星云大师《点亮心灯的善缘》

星云大师《定不在境》

星云大师《人生的阶梯》

星云大师《舍得的艺术》

星云大师《宽容的价值》

星云大师《苹果上的肖像》

星云大师《星云大师〈心经〉五讲》

星云大师《在入世与出世之间》

星云大师序文书信集

星云大师《心灵的探险》

星云大师《安住我身》

星云大师《规矩的修行》

星云大师《来去一如》

企业文化

李小琳《静水深流》

秦文明《宝钢故事》

菲利普·詹姆斯·罗曼诺《当餐饮经营遇上了创意》

刘鹏凯《心力管理》

“江山语言学丛书”

李开《汉语古音学研究》

柳士镇《汉语历史语法散论》

刘晓南《汉语历史方言研究》

鲁国尧《语言学文集：考证、义理、辞章》

盛林《〈广雅疏证〉中的语义学研究》

滕志贤《〈诗经〉与训诂散论》

汪维辉《汉语词汇史新探》

徐大明《社会语言学研究》

杨锡彭《汉语外来词研究》

“名家经典解读丛书”

张炜《楚辞笔记》

“博达文丛”

黄轶《现代启蒙语境下的审美开创——苏曼殊文学论》

杨正润《众生自画像——中国现代自传与国民性研究(1840—2000)》

管兴平《都市里的行走》

昂智慧《文本与世界——保尔·德曼文学理论研究》

董晓《理想主义:激励与灼伤——苏联文学七十年》

韩春燕《文字里的村庄——当代中国小说的村庄叙事》

白玉兰文学丛书之二

王季明《露天舞会》

榛子《渴望出逃》

孙建成《沉入忘川》

上海大学中文系《热风学术》

南京大学中文系《启蒙文献选编》

颜翔林《死亡美学》

寿阳《一页十年》

刘红炜《北非迁徙》

南京大学中文系《中国现代文学论丛》

南京大学中文系《中国现代文学期刊目录新编》

陈丹燕《我要游过大海》

徐甡民《暖冬》

以上图书均可在上海人民出版社读者服务部购买到。

邮购地址:上海市绍兴路 54 号上海人民出版社读者服务部

邮　　编:200020

联系电话:021-64313303

邮购方法:在定价的基础上加收 15%的挂号邮寄费,量大者(请先致电联系)可免邮寄费。

欲了解更多相关书目,请浏览上海人民出版社网址:www.spph.com.cn。